이스라엘과 대체신학

이스라엘과 대체신학

지은이 | 김정환
펴낸이 | 원성삼
책임편집 | 김지혜
표지디자인 | 변현정
펴낸곳 | 예영커뮤니케이션
초판 1쇄 발행 | 2014년 9월 29일
초판 4쇄 발행 | 2023년 5월 10일
등록일 | 1992년 3월 1일 제 2-1349호
주소 | 03128 서울시 종로구 대학로3길 29, 313호 (연지동, 한국교회100주년기념관)
전화 | (02) 766-8931
팩스 | (02) 766-8934
이메일 | jeyoung@chol.com
ISBN 978-89-8350-900-0 (03230)

값 14,500원

이 도서의 국립중앙도서관 출판예정도서목록(CIP)은 서지정보유통지원시스템 홈페이지
(http://seoji.nl.go.kr)와 국가자료공동목록시스템(http://www.nl.go.kr/kolisnet)
에서 이용하실 수 있습니다.(CIP제어번호: CIP2014026666)

모든 인간은 하나님의 형상을 닮은 존귀한 존재입니다. 사람은 인종, 민족, 피부색, 문화, 언어에 관계없이 모두 다 존귀합니다. 예영커뮤니케이션은 이러한 정신에 근거해 모든 인간이 존귀한 삶을 사는 데 필요한 지식과 문화를 예수 그리스도의 사랑으로 보급함으로써 우리가 속한 사회에 기여하고자 합니다.

이스라엘과 대체신학

김정환 지음

들을 버리는 것이 세상의 화목이 되거든 그 받아들이는 것이 죽은 자 가운데서 살아나는 것이 아니면 무엇이리요.
_로마서 11장 15절

예영커뮤니케이션

차례

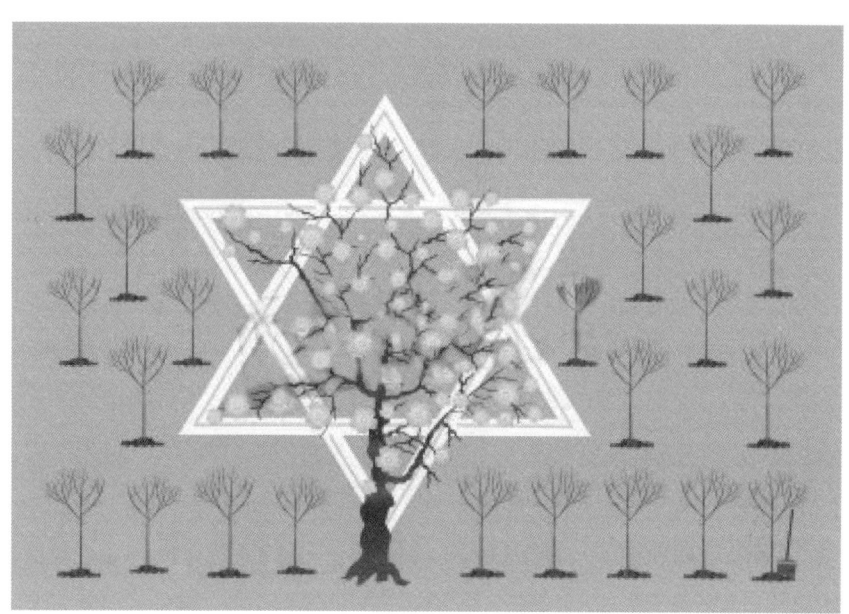

2부 대체신학의 베일을 벗다

부록
−월터 카이저 박사(한국 이스라엘 컨퍼런스 강의)

*이 책에 인용된 성경은 개역개정이며, 인용된 성경구절에 있는 괄호는 독자의 이해
를 위해 저자가 삽입한 것입니다.   – 예영커뮤니케이션 편집부

추천의 글

권혁승 교수(서울신학대학교 구약학, 한국복음주의신학회 회장)

인류가 경험한 가장 큰 변화의 시기 20세기에서 최대의 사건은 1948년 5월 14일에 있었던 이스라엘의 독립이다. 그것은 하나님께서 주도하신 새로운 역사의 변곡점이 되기 때문에 그렇다. 신생 이스라엘의 독립은 주후 70년 로마에 의한 예루살렘의 멸망 이후 멈추었던 하나님의 섭리의 시계바늘이 다시 돌아가게 하면서 인류 역사를 마지막 정점으로 움직이게 하였음을 보여 준다. 그 결과로 지난 2,000년 동안 이스라엘을 영적으로 해석하거나 상징적으로 이해하였던 기독교 신학의 관행이 허물어지는 놀라운 변화가 생겼다. 존 김 목사님이 저술한 『이스라엘과 대체신학』은 그런 변화의 성서적, 신학적 근거를 명확하게 제시하고 있다. 본 저서가 새롭게 부각되는 이스라엘 중심성 시대로 가는 영적 로드맵을 밝혀 줄 것을 확신하며 모두가 일독할 것을 적극 추천한다.

하난 루카스 목사(Hanan Lukatz,

현 이스라엘 메시아닉 교회연합회 회장, 하이파 베이트 헤시다 교회 담임)

많은 예수 그리스도의 교회는 역사를 지나오면서 옛 사탄의 속임수인 '대체주의 신학'이라고 불리는 거짓으로 인해 타락해 갔다. 나는 이러한 진실을 밝히는 책이 한국어로 출간되는 것이 기쁘다. 이로 인해 많은 한국 교회가 하나님의 말씀의 분명한 진리를 대면하기를 바란다. 또한 우리의 눈을 가리고 하나님의 축복을 빼앗아 가는 '신학'으로부터 자유케 되기를 바란다(창 12:3).

아비 미쯔라히 목사(Avi Mizrachi,

현 이스라엘 Dugit Messianic Outreach Center 대표, 텔아비브 아도나이 메시아닉 교회 담임)

이 책은 대체신학의 어두운 역사와 파괴적인 교리를 깊이 다루었다. 하나님은 결코 이스라엘과 유대인들을 버리신 적이 없다. 오히려 하나님은 그들을 사랑하시고 그들이 하나님과 그의 아들이신 메시아 예수님을 알기를 간절히 바라고 계신다. 기독교는 이 사실을 아는 데 종종 실패했으며, 그것은 교회로 하여금 유대인들을 핍박하고 교회를 타락하는 데로 이끌었다. 이 책은 하나님의 약속과 언약과 구속의 계획에 대한 온전한 이해를 돕도록 성경을 전체적으로 조망하고 있다. 하나님의 소망은 모든 믿는 자로 하여금 하나님에 의해 세워진 이스라엘과 그 백성에 대한 진리의 말씀을 올바로 분별하는 것이다(딤후 2:15).

필자가 "이스라엘과 대체신학(Israel and Replacement Theology)"이라는 주제로 글을 쓰게 된 몇 가지 동기가 있다.

첫째, 오래 전에 구약 선지서를 읽던 중 문득 왜 성경에 선지서가 이토록 장황하게 기록되어 있고, 당시 이스라엘과 주변국들에 대한 이 말씀들이 현재 우리와 무슨 연관이 있는가에 대한 질문이 생겼다. 한편으로 '기록된 이 이스라엘과 지금 중동 지역에 존재하는 이스라엘과는 어떤 관계가 있는가?' '만일 성경의 이스라엘이 오늘날의 이스라엘이라면 우리는 너무도 현대의 정세에 대해 무관심하지 않은가?' 반대로 '성경의 이스라엘이 현존하는 이스라엘과 아무런 연관이 없다면 그 근거는 무엇인가?'라는 의문이 생기기 시작했다. 그렇다면 예수를 믿는 유대인들은 자기들의 조상과 땅에 대한 이야기가 성경인데 그들은 이스라엘을 어떻게 보는지 궁금했다. '성경은 이스라엘의 운명에 대해 무엇이라고 기록하는가?'라는 질문을 가지고 지난 2010년에 처음으로 이스라엘을 방문할 기회가 있었다. 그 이후로 필자의 생각과 삶과 신앙의 패러다임이 바뀌었다. 이스라엘은 단순히 성지 순례의 행선지가 아니라 영원한 하나님의 카이로스적인 시간으로 들어가는 문이었다. 성경이 살아서 역사하도록 하는, 눈에 가려진 베일을 벗게 하는 증거의 장소였다. 이러한 신선한 충격은 이스라엘을 탐구하게 하는 동기가 되었다.

둘째, 이스라엘과 관련한 올바른 성경 해석을 통해 건강한 교회론과 종말론을 정립할 때라는 것을 느끼게 되었다. 기독교 역사 가운데 예언서나 요한계시록 해석에 대한 수많은 오류와 함께 그릇된 종말론 해석으로 인해 이단들이 끊이지 않고 일어나고 있다. 그들은 항상 성경을 근거로 주장을 정당화하고 있다. 교회는 그들이 틀린 것을 알면서도 그들의 성경 인용에 대해 반박할 적절한 지식과 논리가 없는 것이 현실이다.

그런데 잘못된 성경 해석과 이단의 교리에 대해 고심하면서 그 근본을 추적한 결과, 많은 경우 이스라엘과 관련된 말씀들을 자의적으로 해석하는 데서 비롯된 것임을 발견했다. 많은 성도가 '비유 풀이'나 '실상 교리'라는 거짓 가르침의 미혹에 넘어가 그리스도의 몸 된 공동체에서 떨어져 나가는 안타까운 모습을 보았다.

그들은 자신들의 집단이나 지도자를 통해 성경의 예언이 이루어지고 있다고 거짓을 말하고 있다. 심지어 어떤 이들은 예루살렘이나 이스라엘 열두 지파들이 자기들의 교회요, 공동체라고 어처구니없이 가르치는 곳에 많은 형제와 자매들이 속수무책으로 빠지는 것을 지켜보고 있다. 뿐만 아니라 많은 교회가 이스라엘의 여호와 하나님의 말씀의 교훈을 받지 않아서 세계 평화나 화합이라는 기치 아래, 결국 우상 숭배와 종교 통합에 동참하는 비극적인 일들이 일어나고 있다.

성경의 실상인 이스라엘을 부정함으로써 외부로는 거짓 가르침이 공격해 오고 있고, 내부적으로는 하나님께서 우리에게 주신 말씀의 권위가 땅에 떨어져 교회는 자긍하며, 하나님의 이름을 만홀이 여기는 시대가 되었다. 따라서 이스라엘을 바로 이해함으로써 성경이 말하는 실상을 올바르게 깨달아 거짓 교리와 가르침에서 우리 영혼을 구하고 하나님의 말씀으로 우리의 삶이 진리로 지켜지기를 간절히 바라는 마음이다.

셋째, 신학 논쟁을 넘어서 마지막 때를 분별하고 교회들이 참된 연합으로 세계 선교를 마무리하게 되기를 바라는 마음이다. 이스라엘 독립 이후 신학 논쟁이 계속되어 왔으며, 최근에 이르러서는 이스라엘과 관련된 여러 가지 운동이 마치 불꽃처럼 퍼져 가고 있다. 지금까지 이스라엘을 역사적, 문자적으로 접근하는 신학은 '세대주의'라고 불리는 진영이었다. 이스라엘과 관련한 성경 해석을 두고 세대주의와 비세대주의 신학 간의 논쟁이 계속되어 왔다. 다행히도 최근에 이르러서 세대주의 신학에서는 기존 틀을 새롭게 수정 보완하고 있고, 비세대주의 신학에서는 이스라엘의 위치를 재해석하는 움직임들이 일어나고 있다.

성경에서 이스라엘을 제거해 버리면 우리가 믿는 하나님을 알 수 없다. 성경의 이스라엘은 사람들이 설립한 나라가 아니라 하나님께서 세우신 나라이며, 이스라엘은 수천 년 전부터 성경에 기록되어 있고 역사의 중심이 되어 왔다. 하나님의 말씀은 일점일획도 바뀌지 않으므로 우리는 어떤 신학적인 선입견이나 편견에서 벗어나서 성경을 토대로 열린 마음으로 이스라엘을 보아야 할 것이다. 우리는 이제 이스라엘을 통해 말씀하시는 하나님에 대한 경외함을 가지고 동시에 하나님의 뜻이 이 땅에 이루어지기 위하여 쓰임을 받을 수 있도록 겸손한 태도를 가져야 한다. 따라서 본서에서는 가급적 논쟁을 피하고 다양한 학자들의 의견을 수렴하여 성경 본문을 중심으로 이스라엘과 교회의 관계를 이해하려 한다.

교회가 이스라엘의 비밀을 바로 이해하여 하나님의 구원 사역의 경륜을 이해하고 더욱 온전한 교회로 세워지기를 바란다. 그리고 이스라엘과 온 열방이 여호와를 아는 지식으로 충만해져서 다가올 영광스러운 주님의 날 (The day of the Lord)을 예비하기를 바란다.

1부

이스라엘이 열린다

들을 버리는 것이 세상의 화목이 되거든 그 받아들이는 것이 죽은 자 가운데서 살아나는 것이 아니면 무엇이리요.
_로마서 11장 15절

Israel and

Replacement Theology

"바룩 하바 베쉠 아도나이!"

"바룩 하바 베쉠 아도나이!(ברוך הבא בשם יהוה)"는 믿는 유대인들이 모여 예배하는 곳이면 언제든지 들려지는 구호이며, 노래 가사이다. 이 말은 "찬송하리로다 주의 이름으로 오시는 이여"라는 뜻의 히브리어 문장으로 성경에 기록되어 있다.

마태복음 23장 37-39절에서 예수님께서 십자가에 달리기 전에 예루살렘 성을 보시며 이렇게 말씀하셨다.

> 예루살렘아 예루살렘아 선지자들을 죽이고 네게 파송된 자들을 돌로 치는 자여 암탉이 그 새끼를 날개 아래에 모음 같이 내가 네 자녀를 모으려 한 일이 몇 번이더냐 그러나 너희가 원하지 아니하였도다 보라 너희 집이 황폐하여 버려진 바 되리라 내가 너희에게 이르노니 이제부터 너희는 찬송하리로다 주의 이름으로 오시는 이여 할 때까지 나를 보지 못하리라 하시니라.

예수님이 그들의 메시아로 오신 것을 알아보지 못하는 유대 백성을 향해서 선포하신 말씀이다. 유대인들이 "찬송하리로다 주의 이름으로 오시는 이여 할 때까지는 나를 보지 못하리라" 하셨는데, 이 말씀을 반대로 생각해 보면 그들이 예수 그리스도를 주로 환영하고 경배할 때 주님을 다시 볼 수 있을 것이라는 뜻이다.

예수님께서 마지막 때에 대해 말씀하신 마태복음 24장 32-33절에 보면 "무화과나무의 비유를 배우라 그 가지가 연하여지고 잎사귀를 내면 여름이 가까운 줄을 아나니 이와 같이 너희도 이 모든 일을 보거든 인자가 가까이 곧 문 앞에 이른 줄 알라"라는 부분이 나온다. 구약성경에 보면 무화과나무는 이스라엘을 상징하여 쓰였다. 예수님도 이 비유를 사용하셨다. 히브리어로 '여름(카이쯔, קַיִץ)'이라는 말은 '끝, 심판(케쯔, קֵץ)' 등의 단어와 어근이 같다. 또한 유대 달력으로는 여름이 한 해 '끝'이다. 오랫동안 죽은 것 같았던 무화과나무 가지가 다시 소생하는 것은 마치 이스라엘 유대인들이 복음을 듣고 마음이 열린 것과 같고, 많은 이들이 복음으로 돌아와서, 믿는 유대인 공동체가 크게 부흥하는 모습은 잎사귀가 무성해지고 있는 것을 의미한다고 볼 수 있다. 그리고 이 일이 있으면 인자가 곧 문 앞에 이른 줄 알라고 하셨다. 그래서 현재 이스라엘 안에서 큰 변화들이 일어나고 있고 예수님의 재림에 대한 기대를 증폭시키고 있다.

이스라엘이 멸망하고 난 뒤 2,000여 년 만에 기적적으로 다시 건국되고 주님을 메시아로 영접한 믿는 유대인의 수가 많아지고 있다는 것은 놀라운 일이다. 예수님을 주님으로, 왕으로 맞아들이는 이 외침이 온 이스라엘 유대인 가운데 일어났을 때, 이로 인해 열방에 다시 없는 축복과 부흥이 생겨날 것이다. 로마서 11장에 약속하신 대로 이스라엘의 회복은 열방으로 하여금 큰 부활의 영광을 가져오게 할 것이다.

그러므로 내가 말하노니 그들이 넘어지기까지 실족하였느냐 그럴 수 없느니라 그들이 넘어짐으로 구원이 이방인에게 이르러 이스라엘로 시기나게 함이니라 그들의 넘어짐이 세상의 풍성함이 되며 그들의 실패가 이방인의 풍성함이 되거든 하물며 그들의 충만함이리요(롬 11:11-12).

그들을 버리는 것이 세상의 화목이 되거든 그 받아들이는 것이 죽은 자 가운데서 살아나는 것이 아니면 무엇이리요(롬 11:15).

Israel and

Replacement Theology

하나님의 계획

'점진적 계시(Progressive Revelation)'라는 신학 용어가 있다. 이 뜻은 각 시대마다 성경이 계시한 말씀들이 점점 더 이해되고 열린다는 의미이다. 어떤 특정한 때에 알게 되는 특정한 말씀들이 있다는 뜻이다. 어떤 말씀들은 열어 주실 때가 아니면 이해할 수가 없다. 이는 풀려질 때가 아닌 때의 말씀은 결코 알 수 없다는 의미기도 하다.

그중 한 가지가 이스라엘에 대한 말씀들이다. 이스라엘은 로마에 함락된 뒤 약 2,000년간 역사 속에서 자취를 감추었다. 그동안 성경에 기록된 이스라엘은 사실상 없어진 것이나 마찬가지였다. 그런데 놀랍게도 이스라엘이 역사의 전면에 다시 나타났다. 마지막 때 하나님의 계획은, 한 마디로 하면 예수 그리스도가 이 땅에 다시 오심으로 말미암는 하나님 나라의 성취이다.

예수님께서 다시 오시기 위해서는 두 가지 조건이 있다. 하나는 모든 민족에게 복음이 전파되는 것(마 24:14)이고, 다른 하나는 이스라엘이 회복되는 것(마 23:39)이다. 이스라엘은 하나님의 시간표로서 역사의 때를 가늠하는 기준이다. 이스라엘은 단순히 지도상의 나라 중의 하나이거나 혹은 미전도 종족 중의 한 민족이 아니다. 민족적 단위로 이스라엘은 하나님의 예언적 시간표이며, 인류 역사의 표본이 된다. 이스라엘 회복을 언급한다고 해서 유대주의나 신율법주의로 돌아가야 한다는 말이 아니다. 성경에 등장하는 이 작은 민족을 하나님은 과거와 현재와 미래에 큰 의미를 지니도록 디자인 하셨다.

여기서 이런 질문이 나올 만하다. 예수 그리스도를 믿음으로 말미암는 명백한 구원의 길이 제시되었는데, 다시 이스라엘에 집중해야 할 이유가 무엇인가라는 것이다. 이에 대한 간단한 대답은 두 가지다.

첫째, 다시 오실 예수 그리스도와 직접적으로 연관되기 때문이다. 인류를 구원하는 메시아는 다름 아니라 유대인의 모습으로 이스라엘 땅에 다시 오실 것이다. 우리 주 예수 그리스도는 온 세상의 왕인 동시에 이스라엘의 왕이 되신다. 주님의 재림을 앞두고 세계의 관심은 이스라엘을 중심으로 모든 초점이 맞추어질 것이다.

둘째, 마지막 때 세상을 향한 하나님의 경륜과 구원의 계획 속에서 이스라엘의 역할이 있기 때문이다. 성경은 이스라엘이 역사의 전면에 다시 나타날 것이라고 예언하고 있다. 우리에게 친숙한 성경 구절 외에 수많은 구절이 이스라엘에 관하여 말씀하고 있다는 사실을 알 필요가 있다. 따라서 성도들은 영원불변한 하나님의 말씀에 귀를 기울일 수밖에 없다.

예수님은 다음과 같이 말씀하셨다.

> 아침에 하늘이 붉고 흐리면 오늘은 날이 궂겠다 하나니 너희가 날씨는 분별할 줄 알면서 시대의 표적은 분별할 수 없느냐(마 16:3).

마지막 때의 징조 중에서 가장 크고도 분명한 것이 무엇인가? 전쟁의 소문, 기근, 자연재해 등도 있겠지만, 가장 큰 징조는 바로 이스라엘의 재건국이다. 성경의 예언들은 항상 이스라엘 중심으로 펼쳐졌다. 하나님은 성경의 모든 말씀을 성취하실 것이라고 말씀하셨다. 하나님께서는 여전히 이스라엘을 온 인류 역사의 중심으로 이끌어 가실 것이다.

하나님의 계획 속에 있는 이스라엘을 이해함으로 성도가 얻게 될 유익은 다음과 같다.

① 인류와 나를 향한 하나님의 온전한 섭리를 이해하도록 한다.

② 하나님의 때를 분별하게 하여서 온전한 삶을 살게 한다.

③ 마지막 때 선교의 완성을 위한 교회와 성도의 역할을 이해하게 한다.

④ 그릇된 종말론의 오류에 빠지거나 치우치지 않게 한다.

Israel and

Replacement Theology

이스라엘의 부르심과 회복

역사적으로 이스라엘은 축복과 심판과 회개와 회복을 반복했다. 하나님의 시나리오는 한 치의 오차가 없다. 우리는 성경에 쓰인 대로 다 이루어질 것임을 믿는다. 마찬가지로 이스라엘에 대한 선지자들의 선포와 예언도 모두 이루어져야 함을 믿는다. 종말에 이스라엘이 회복되었을 때 그리스도께서 다시 오시는 것은 성경에 기록된 하나님의 뜻이다. 이스라엘을 향한 성경의 예언이 결코 취소되지 않았다. 지금까지는 성경에 기록된 이스라엘의 이야기를 각자 나름대로 해석하고 적용해 왔지만, 이제는 그 말씀들이 실제 이스라엘 땅 가운데 그대로 성취되는 것을 보고 있다.

이스라엘에 대한 이해는 주님의 다시 오심에 대한 이해와 직결되어 있다. 주님은 유대인 청년의 모습으로, 유대 복장을 하시고, 이스라엘 땅으로, 장차 다스리게 될 도시인 예루살렘 성이 내려다 보이는 감람 산 위로 오실 것이다.

그 날에 그의 발이 예루살렘 앞 곧 동쪽 감람 산에 서실 것이요 감람 산은

> 그 한 가운데가 동서로 갈라져 매우 큰 골짜기가 되어서 산 절반은 북으
> 로, 절반은 남으로 옮기고(슥 14:4).

그러므로 만물의 마지막 때를 이해하기 위해 가장 먼저 다루어야 할 주
제가 바로 이스라엘이다. 구속사의 스토리가 이스라엘을 표본으로 주어진
다는 것을 명심해야 한다. 이스라엘을 관찰하면 하나님의 성품을 분명하게
이해할 수 있고, 그 성품이 모든 열방에게 동일하게 적용된다.

> 그들은 이스라엘 사람이라 그들에게는 양자 됨과 영광과 언약들과 율법을
> 세우신 것과 예배와 약속들이 있고 조상들도 그들의 것이요 육신으로 하
> 면 그리스도가 그들에게서 나셨으니 그는 만물 위에 계셔서 세세에 찬양
> 을 받으실 하나님이시니라 아멘(롬 9:4-5).

어떤 사람들은 하나님이 이방인보다 이스라엘에 더 관심이 있다는 말인
가라고 반문할 수 있다. 분명한 사실은, 유대인이든 이방 그리스도인이든
동일하게 하나님의 은혜를 통해 예수님을 믿음으로 구원을 받는다는 점이
다. 모리아 땅에 있는 한 산에서 아브라함이 양을 죽여 이삭의 생명을 대
신했던 것처럼, 하나님은 자신의 독생자의 피를 흘려 우리들을 그의 자녀
로 부르셨다. 예수님의 죽으심으로 인한 구원의 은혜는 유대인이나 헬라
인이나 상관없이 주어졌다. 유대인들을 위한 구원의 방법이 따로 있다는
이중 구원설은 틀린 것이다. 예수님만이 길이요, 진리요, 생명이시다. 하나
님은 민족적으로 차별하시는 분이 아니시다. 그렇다면 이스라엘은 우리에
게 어떤 의미가 있는가? 인류의 역사를 경영하시는 하나님의 특별한 경륜
이다.

이스라엘의 재탄생

여기서 잠시 이스라엘의 재탄생의 기적에 대해 생각해 보자. 거의 2,000년 동안 사라졌던 이스라엘이 역사의 전면에 부상한 것은 과연 우연일까? 이스라엘이 다시 등장하리라는 상상을 누가 했겠는가? 이스라엘의 재건국이 우리에게 주는 의미가 무엇일까? 선지자 이사야는 지금으로부터 무려 2,700여 년 전에 이스라엘이 다시 탄생할 것을 예견했다. 이사야는 주전 740년경의 선지자로 이사야 66장 7-8절에 다음과 같이 기록하고 있다.

> 시온은 진통을 하기 전에 해산하며 고통을 당하기 전에 남아를 낳았으니 이러한 일을 들은 자가 누구이며 이러한 일을 본 자가 누구이냐 나라가 어찌 하루에 생기겠으며 민족이 어찌 한 순간에 태어나겠느냐 그러나 시온은 진통하는 즉시 그 아들을 순산하였도다.

이사야는 구약의 복음서라고 불릴 만큼 그리스도에 대한 예언이 풍부하며 구조적으로는 성경 전체를 요약해 놓은 것과 같다. 65장과 66장은 구약의 종말장에 해당한다. 신약과 비교하면 요한계시록의 마지막 부분과 유사하다. 내용적으로도 예루살렘에 대한 하나님의 궁극적인 영광과 새 하늘과 새 땅, 이방의 구원과 영원한 심판 등을 다루고 있기에 더욱 그러하다.

그런데 갑자기 이사야는 "하루에 생길 나라"와 "한 순간에 탄생할 민족"에 대해 예언한다. 이는 이스라엘에 대한 묘사이다. 놀랍지 않은가? 사실 이 말씀은 예언이 아니라면 논리적 비약이 심한 구절이다. 이사야가 예언하고 있는 이 시점이 언제인가? 바로 유대 민족이 바벨론에게 패망하기 전, 그들의 죄악을 회개할 것을 촉구하는 시점이다.

곧 멸망할 민족에게 이사야는 자신도 잘 이해하지 못할 예언을 전하고 있다. 곧 무너져 내릴 민족이고 온 나라가 포로가 되어야 할 지경에 하루만에 생겨날 먼 미래의 나라에 대해 말하고 있다. 설사 과거에 이스라엘이 하루만에 탄생한 사실이 있었다 하더라도 내일 모레면 적의 칼에 망하게 될 판에 구태여 과거의 건국 사실을 기술할 이유가 어디 있겠는가? 그럼 이 예언이 그 사실이 국가의 미래 운명에 어떠한 의미가 있다는 말인가?

우리는 구약의 역사를 통해 이스라엘이 하루에 탄생하지 않은 것을 알고 있다. 과거 이스라엘은 여러 족장들의 대를 이어 민족이 형성되었고, 출애굽과 가나안 정복, 사사 시대를 거친 후 초대 왕이 세워진, 오랜 세월을 통해 이룩된 국가다. 따라서 이 예언은 분명히 먼 훗날의 사건을 예고하고 있다. 나라의 패망을 앞둔 시점에서 먼 미래에 '하루만에' 탄생할 나라에 대한 하나님의 특별한 계획을 엿볼 수 있다. 바로 미래의 이스라엘은 하루와 같은 매우 짧은 시간에 반드시 다시 세워질 것이라는 선언인 것이다.

지리적 국가로서의 현대 이스라엘이 1948년 5월 14일에 세워진 것은 인류 역사상 가장 큰 기적이라고 할 만한 사건이다. 이것은 지도상에서 완전히 사라진 고대의 한 민족과 맺은 언약의 말씀을 잊지 않으시고 신실하게 약속을 지키신 하나님의 살아 계심의 증거였다. 그리고 이것은 오늘날 우리를 향한 하나님의 신실하심에 대한 반증이기도 하다.

과거 어느 민족이 2,000여 년 동안 흔적도 없이 사라졌다가 이렇게 다시 역사 속으로 돌아올 수 있었는가? 그러나 성경에서 보듯 반유대적인 수많은 핍박과 위협을 감내하고, 심지어 홀로코스트(Holocaust, 1930-40년대 나치에 의한 유대인 대학살)를 통과하면서 600만 명이 학살되고 전 세계에 뿔뿔이 흩어졌던 민족이 다시 국가로 재건될 수 있었던 것은 살아 계신 하나님의 능력이 아니고서는 불가능한 일이다.

드라마의 처음과 끝

이스라엘이 원래의 목적대로 그 역할을 회복해야 하는 이유를 다음과 같은 비유로 생각해 보자. 어떤 영화 감독이 영화의 줄거리를 구상하고 있다고 가정하자. 그는 시놉시스를 구성하고, 플롯을 따라서 대단원까지 이르게 한다. 그 다음 그 줄거리에 맞는 캐릭터를 정하고, 주인공의 역할을 감당할 만한 배우를 찾을 것이다. 하나의 영화가 있기 위해서 가장 중요한 것은 줄거리와 주연 배우이며, 그의 캐릭터이다. 그것들에 따라 영화의 성패가 좌우된다고 할 수 있다.

하나님은 인류를 향한 하나의 드라마를 만드시기를 원하셨다. 그 드라마의 줄거리는 우주와 만물을 창조하시고, 그중에 지구라는 별을 특별히 꾸며서 인간을 두시고, 그들에게 자신의 성품을 드러내 알게 하시고, 영원토록 그들과 교제하는 것이었다. 여기서 전체 인간을 향한 자신의 정체성과 성품을 알리는 방법이 '주연 배우'와 관계하는 자신의 모습을 보여 주는 것이었다.

그 주인공은 바로 '이스라엘'이다. 하나님은 이스라엘을 장자와 열방의 제사장으로 삼으셨다. 그 주인공과 관련하여 모든 이야기의 흐름과 성격이 정해진다. 주인공의 캐릭터에 의해 드라마 전체가 영향을 받고 주인공을 통해 모든 줄거리가 전개된다.

> 너는 바로에게 이르기를 여호와의 말씀에 이스라엘은 내 아들 내 장자라 (출 4:22).

> 너희가 내게 대하여 제사장 나라가 되며 거룩한 백성이 되리라 너는 이 말을 이스라엘 자손에게 전할지니라(출 19:6).

또 하나 중요한 원리는 이것이다. 주연 배우는 어떤 이유로도 중간에 사라지는 법이 없다. 주인공에 대한 위기와 갈등이 커진다고 할지라도 말미에 가서는 얽힌 갈등이 풀어지고 정리된 후 끝을 맺는다. 드라마 초기에 복선이 나오고 사건의 발단이 소개되고 갈등이 전개되다가 결국 절정의 순간을 지나 그 갈등이 극적으로 해소되며 대단원의 막을 내린다. 그 사이 어느 순간에도 주인공은 아무런 이유 없이 사라지지 않는다.

이 원리가 인류를 향한 하나님의 드라마에도 동일하게 적용된다. 이스라엘이라는 주연 배우의 역할과 인류의 운명이 연결되어 있다. 우리는 감독이신 하나님이 주연인 이스라엘의 운명을 어떻게 설정하고 이끌어 가시는가를 관찰함으로써 모든 인류의 역사를 가늠할 수 있다. 하나님은 성경의 시작인 창세기의 초두에 아브라함이라는 한 사람을 택하시고 불러내어서 하나의 작은 민족을 이루게 하셨다.

> 여호와께서 아브람에게 이르시되 너는 너의 고향과 친척과 아버지의 집을

떠나 내가 네게 보여 줄 땅으로 가라 내가 너로 큰 민족을 이루고 네게 복을 주어 네 이름을 창대하게 하리니 너는 복이 될지라 너를 축복하는 자에게는 내가 복을 내리고 너를 저주하는 자에게는 내가 저주하리니 땅의 모든 족속이 너로 말미암아 복을 얻을 것이라 하신지라(창 12:1-3).

그의 손자인 야곱에게 '이스라엘'이라는 새로운 이름을 부여하시면서 이스라엘 나라를 형성하게 하셨다. 그것이 이스라엘의 시작이었고, 그때부터 이 땅 역사의 마지막 순간까지 하나님은 이스라엘과의 관계를 계속하시면서 인류의 이야기를 풀어 가고 계신다.

하나님이 그에게 이르시되 네 이름이 야곱이지마는 네 이름을 다시는 야곱이라 부르지 않겠고 이스라엘이 네 이름이 되리라 하시고 그가 그의 이름을 이스라엘이라 부르시고 하나님이 그에게 이르시되 나는 전능한 하나님이라 생육하며 번성하라 한 백성과 백성들의 총회가 네게서 나오고 왕들이 네 허리에서 나오리라 내가 아브라함과 이삭에게 준 땅을 네게 주고 내가 네 후손에게도 그 땅을 주리라 하시고 하나님이 그와 말씀하시던 곳에서 그를 떠나 올라가시는지라(창 35:10-13).

이스라엘의 과거를 보면 우리의 역사를 알 수 있고, 이스라엘의 현재를 보면 우리들의 현재를 해석할 수 있고, 이스라엘의 미래를 내다보면 우리의 미래도 예측할 수 있다. 이스라엘을 향한 하나님의 성품과 태도가 어떠한가에 따라서 모든 인류는 하나님이 어떤 분이신지, 그분과 어떻게 관계를 맺어야 하는지 깨달을 수 있다.

하나님이 이스라엘을 향해 축복과 저주의 약속을 하신 것을 보면, 인류를 향한 축복과 저주가 있는 것을 알 수 있다. 하나님이 이스라엘이 범죄할 때 채찍질하시고, 때때로 등을 돌리시는 것처럼 보일 때, 우리를 향해서도 그러실 수 있는 분이심을 알 수 있다. 이스라엘이 회개할 때 하나님이 그들을 싸매시는 것처럼, 우리에게도 동일하게 대하시는 분임을 확신할 수 있다. 주님의 공의와 자비가 이스라엘과 우리에게 동일하게 역사하신다.

> 보라 내가 오늘 생명과 복과 사망과 화를 네 앞에 두었나니 곧 내가 오늘 네게 명령하여 네 하나님 여호와를 사랑하고 그 모든 길로 행하며 그의 명령과 규례와 법도를 지키라 하는 것이라 그리하면 네가 생존하며 번성할 것이요 또 네 하나님 여호와께서 네가 가서 차지할 땅에서 네게 복을 주실 것임이니라(신 30:15-16).

약 2,000년 동안 지도상에서 사라졌다가 하루 아침에 다시 하나의 국가로 태어난 것을 보면, 하나님이 그들을 결코 잊지 않으시고 다시 회복시키신 것을 알 수 있다. 기록된 말씀에 분명히 있는 약속처럼 하나님은 이스라엘을 결코 포기하지 않으시고 그들을 회복하여 메시아에게로 인도하실 것이다. 우리의 구원을 향한 하나님의 열심도 이와 동일하다. 그 하나님은 동일하게 우리들도 잊지 않으시고 돌보시며, 끝내 회복시키실 것이다. 이스라엘을 향한 하나님의 약속과 계획은 포기되거나 취소되지 않는 것처럼 신실하신 하나님은 우리를 향한 약속과 계획도 포기하지 않으실 것이다.

하나님의 눈동자: 이스라엘

일반적으로 우리는, 이스라엘이 범죄함으로 하나님께 버림받았고, 예수님이 오심으로 이제는 예수님을 믿고 구원받은 성도들이 영적 이스라엘이 되었으며, 성경에 약속된 모든 언약의 말씀은 신약의 교회를 향한 말씀이라 배웠다.

그런데 이런 질문들이 연이어 생긴다. 그럼 현재 중동 지방에 존재하는 이스라엘이라는 국가는 어떻게 된 것인가? 그들은 더 이상 성경에 나오는 이스라엘이 아닌가? 그 나라에 거주하는 유대인들은 어떤 존재들인가? 그 나라와 사람들은 정말 우연히 재생된 존재인가? 이스라엘이 끝나 버린 존재라면, 마지막 때에 있을 그들의 부활과 역할에 대한 예언은 어떻게 된 것인가?

성경은 이스라엘이 하나님에 대해 다음과 같은 존재임을 묘사한다. 이 표현 안에 그 모든 것이 함축되어 있다.

> 만군의 여호와께서 이같이 말씀하시되 영광을 위하여 나를 너희를 노략한

여러 나라로 보내셨나니 너희를 범하는 자는 그의 눈동자를 범하는 것이라(슥 2:8).

하나님은 이스라엘을 눈동자처럼 여기신다. 하나님은 그들을 눈동자처럼 보호하시고 지키신다. 뿐만 아니라 자식처럼 여겨 절대로 잊지 않으시며, 당신의 손바닥에 새기셨다.

여인이 어찌 그 젖 먹는 자식을 잊겠으며 자기 태에서 난 아들을 긍휼히 여기지 않겠느냐 그들은 혹시 잊을지라도 나는 너(이스라엘)를 잊지 아니할 것이라 내가 너(이스라엘)를 내 손바닥에 새겼고 너의 성벽이 항상 내 앞에 있나니(사 49:15-16).

이스라엘의 하나님은 아브라함과 이삭과 야곱과 다윗과 맺은 언약들을 결코 잊지 않으셨다. 선지자들을 통해 이스라엘 위에 아낌없이 부으셨던 열정과 자비를 결코 취소하지 않으셨다. 선지자들이 전한 이스라엘의 축복과 부활의 모든 예언과 이스라엘의 미래에 대한 구체적인 청사진들 하나도 버리지 않으셨다. 성경은 다음과 같이 말씀한다.

나는 시온의 의가 빛 같이, 예루살렘의 구원이 횃불 같이 나타나도록 시온을 위하여 잠잠하지 아니하며 예루살렘을 위하여 쉬지 아니할 것인즉 이방 나라들이 네 공의를, 뭇 왕이 다 네 영광을 볼 것이요 너는 여호와의 입으로 정하실 새 이름으로 일컬음이 될 것이며 너는 또 여호와의 손의 아름다운 관, 네 하나님의 손의 왕관이 될 것이라(사 62:1-3).

그러므로 내가 말하노니 하나님이 자기 백성을 버리셨느냐 그럴 수 없느니라 나도 이스라엘인이요 아브라함의 씨에서 난 자요 베냐민 지파라 하나님이 그 미리 아신 자기 백성을 버리지 아니하셨나니 너희가 성경이 엘리야를 가리켜 말한 것을 알지 못하느냐 그가 이스라엘을 하나님께 고발하되(롬 11:1-2).

우리는 오랫동안 우리의 영적인 눈을 멀게 했던 베일을 벗어야 한다. 약 2,000년 동안 이스라엘이라는 나라가 존재하지 않았으니 이스라엘은 완전히 패망한 것이라는 사상이 나올만도 했다. 하지만 초대 교부들이나 성경 교사들은 기록된 말씀을 그대로 믿고 가르쳐야 했었다. 그들 눈에 보이는 대로가 아니라 하나님의 신실하신 약속을 믿고 그대로 선포했어야 했다.

이스라엘은 역사의 전면에 다시 부상하였다. 인간에 의해 진화되어 왔던 '신학'이 '하나님의 열심'을 취소할 수 없다. 이제 다시 우리의 시선을 주님의 마음에 집중할 때가 되었다. 이스라엘이 아버지의 마음에 여전히 자리잡고 있었음을 깨달아야 한다. 바벨론의 침략으로 인해 곧 시들어 버릴 풀과 같은 이스라엘 앞에 언젠가는 다시 회복될 것이라는 이사야의 놀라운 선언을 보라.

풀은 마르고 꽃은 시드나 우리 하나님의 말씀은 영원히 서리라 하라
(사 40:8).

하나님 아버지는 결코 후회하지 않는 사랑으로, 탕자를 기다리던 아버지의 사랑으로 이스라엘을 품고 계셨다. 하나님은 여전히 이스라엘을 눈동자처럼 보호하고 계시고 머리털을 헤아리기까지 하시듯 아끼신다. 그분은

장자 이스라엘의 회복과 영적인 부흥을 위해 모든 희생을 아끼지 않고 계신다.

> 여인이 어찌 그 젖 먹는 자식을 잊겠으며 자기 태에서 난 아들을 긍휼히 여기지 않겠느냐 그들은 혹시 잊을지라도 나는 너를 잊지 아니할 것이라 내가 너를 내 손바닥에 새겼고 너의 성벽이 항상 내 앞에 있나니 네 자녀들은 빨리 걸으며 너를 헐며 너를 황폐하게 하던 자들은 너를 떠나가리라 네 눈을 들어 사방을 보라 그들이 다 모여 네게로 오느니라 나 여호와가 이르노라 내가 나의 삶으로 맹세하노니 네가 반드시 그 모든 무리를 장식처럼 몸에 차며 그것을 띠기를 신부처럼 할 것이라(사 49:15-18).

마지막 때가 올수록, 예수님의 영광스런 재림이 임박할수록 현존하는 이스라엘 나라의 역할은 더욱 커져 갈 것이다. 이스라엘의 역사의 완성이 인류 역사의 완성이기 때문이다. 이스라엘은 하나님의 심장으로 여전히 그분의 갈망과 열정이 뛰고 있는 곳이다.

마지막 전쟁과 추수

이스라엘이 열리면 재림이 보인다. 이스라엘이 제자리에 서게 되면 재림에 대한 성경 예언이 풀리게 된다. 기독교인들은 성경을 상징으로 보려는 경향이 있지만, 사탄은 성경을 문자적으로 본다는 것을 아는가? 사탄은 세상과 자신의 운명을 자세히 안다. 왜냐하면 성경에 자세히 기록되어 있기 때문이다. 사탄은 하나님의 전략을 알고 자신의 운명을 안다. 성경은 비유와 상징을 포함하고 있지만 대부분은 실제요, 역사요, 앞으로 일어날 예언들이다.

2,000년 전 예수 그리스도의 초림을 앞두고 그분의 오심을 방해하려고 사탄이 유대 민족에게 핍박을 가했던 것처럼 재림 때도 이와 유사할 것이다. 성경은 분명히 예루살렘이 하나님의 아들, 메시아의 통치 장소가 될 것이라고 기록되어 있다. 이를 아는 사탄은 이스라엘의 왕이 오시지 못하도록 또 한 번 훼방할 것이다. 그러므로 사탄의 최후 전략은 어떤 방법을 동원해서라도 유대인들을 멸망시키고 예루살렘을 정복하여 왕이신 그리스도가 좌정하지 못하도록 막는 것이다.

사탄은 자신을 경배하게 하기 위해 메시아가 다스릴 도성과 그 도성 한 가운데 세워질 성전을 취하려고 할 것이다. 사탄은 그 사전 작업으로 모든 종교들을 통합하여 자신에게 경배하도록 부추기고 있다. 예루살렘을 취하는 자는 인류를 정복하는 자임을 그는 본능적으로 알고 있다.

유대인들은 언제나 성전이 있는 예루살렘을 향하는 삶을 산다. 유대인들에게 성전은 심장이요, DNA이다. 성전을 잃으면 모든 것을 잃는 것이다. 오랫동안 성전이 파괴된 상태에서 그들은 매년 유월절에 "내년에는 예루살렘에서!(레샤나 하바아 비루샬라임)"라는 인사를 나눈다. 메시아를 믿는 유대인이나 정통 유대인들이나 할 것 없이 그들은 본능적으로 여호와의 통치와 임재와 능력의 상징인 예루살렘 도성을 다시 복원하기를 원한다. 정치, 경제, 종교 등 세상 모든 권세를 동원하여 사탄은 시온을 취하려 할 것이다. 만인이 시온 산에서 하나님을 경배하느냐 사탄을 경배하느냐, 이것이 최후의 큰 전쟁이 될 것이다. 이 전쟁은 물리적 전쟁과 영적 전쟁을 동반할 것이다. 열강은 무력으로 이스라엘을 위협하려 할 것이고, 종교 안에서는 이스라엘을 가운데 두고 극심한 신학적, 교리적 대립이 일어날 것이다.

> 그때에 네 민족을 호위하는 큰 군주 미가엘이 일어날 것이요 또 환난이 있으리니 이는 개국 이래로 그때까지 없던 환난일 것이며 그때에 네 백성 중 책에 기록된 모든 자가 구원을 받을 것이라(단 12:1).

마지막 때 거의 모든 나라들이 이스라엘에게 등을 돌릴 것이며, 주님의 재림을 막으려는 온갖 방해가 일어날 것이다. 주님의 재림은 결코 만만한 사건이 아니다. 영계와 지상에서는 전무후무한 전쟁이 벌어질 것이다. 바람 앞의 등불같이 꺼질 위험에 놓인 이스라엘을 보호하기 위해 결국 메시아가 하늘로부터 직접 심판하심으로 이 전쟁은 마무리된다. 주님은 뜨인 돌처럼 하늘로부터 사탄의 세력을 멸하시고 영광으로 공중에서 내려오실 때에 온 세상은 심판자로서의 왕의 위엄을 보게 될 것이다.

> 또 왕이 보신즉 손대지 아니한 돌이 나와서 신상의 쇠와 진흙의 발을 쳐서 부서뜨리매(단 2:34).

이스라엘의 회복은 사탄으로 하여금 최후의 운명을 인식하게 한다. 자신의 운명을 아는 사탄은 자신의 멸망의 날을 어찌하든 연장하려 할 것이다. 그렇게 하기 위한 최선의 전략은 예수님의 재림을 준비하지 못하게 하는 것이다. 사탄은 재림의 날에 주님을 영접해야 할 성도마저 준비하지 못하도록 졸며 자게 만든다(마 25장).

예수님의 공생애 마지막에 나귀를 타고 예루살렘에 입성하실 때 무리가 "찬송하리로다 주의 이름으로 오시는 이여"라고 찬송한 기사는 주님이 다시 오시는 날의 모습을 연상시켜 주는 장면이다. 그가 처음 이 땅에 오셔서 예루살렘 성에 들어가실 때 사람들로부터 환영을 받았던 것처럼 다시 오실 때는 유대인과 온 열방이 찬송하면서 맞아 주기를 바라신다.

주님의 다시 오심은 단순한 사건이 아니다. 주님은 천사들과 구름에 싸여 공중에 나타나셔서 동서로 하나님의 백성을 모을 것이고, 예루살렘 동편 감람 산에 서실 것이고, 영광 중에 예루살렘으로 입성하실 것이다. 그러므로 사탄은 어찌하든지 주님이 유대 백성에게 환영을 받지 못하도록 할 것이고, 그 땅을 내어주지 않으려 할 것이다. 이스라엘이 멸망하도록 모든 수단을 동원할 것이다.

마지막 때에 사탄은 에스겔 38, 39장에 기록된 대로 열국으로 하여금 이스라엘을 대적하게 할 것이고, 최후에 아마겟돈 전쟁을 불러일으킬 것이다. 결국 주님은 그때 지상으로 강림하셔서 대적을 물리치실 것이다. 그분은 왕이시며 신랑으로, 천 년 동안 당신의 백성과 함께 통치하실 것이다.

그리스도의 재림 전에 예루살렘을 침략하는 자들에 대한 예언의 말씀이 기록되어 있다. 그때 예루살렘은 열방에게 세상을 혼취케 하는 잔과 움직이기에 무거운 돌이 될 것이다. 이스라엘의 존재는 많은 이들을 불편하게 만들 것이다. 국가적으로는 열강이 이스라엘이 패망하는 데 동참할 것이고, 개인적으로는 반유대 감정에 휩싸이게 될 것이다. 그러나 예루살렘은 하나님의 손길이 머물러 있는 예언적 도시이다. 이스라엘을 치러 오는 자들에게 선지자 스가랴는 준엄하게 경고했다.

> 보라 내가 예루살렘으로 그 사면 모든 민족에게 취하게 하는 잔이 되게 할 것이라(I am going to make Jerusalem a cup that sends all the surrounding peoples reeling) 예루살렘이 에워싸일 때에 유다에까지 이르리라 그 날에는 내가 예루살렘을 모든 민족에게 무거운 돌이 되게 하리니(I will make Jerusalem an immovable rock for all the nations) 그것을 드는 모든 자는 크게 상할 것이라 천하 만국이 그것을 치려고 모이리라(슥 12:2-3).

예루살렘은 축복과 저주를 푸는 열쇠이다. 예루살렘과 유대 민족을 어떻게 다루었는가에 따라 제국들이 흥하기도 하였고 망하기도 한다. 세계는 이스라엘 편에 설 것인지 반대 편에 설 것인지를 선택해야 한다. 선지자들이 예언한 "주의 크고 두려운 날(The great and terribleday of the Lord)"이 올 터인데, 지구상의 모든 나라는 이스라엘을 대했던 태도에 따라 하나님의 판결을 받게 될 것이다.

마지막 추수

선지자들이 대언했고 예수님과 사도들이 가르쳤던, 하나님이 인류를 향한 경륜의 핵심으로 지목한 이스라엘에 대한 스토리는 절정을 향해 달려가고 있다. 그 정점에 성령의 부으심과 이스라엘의 회복과 열방의 추수가 필연적으로 일어날 것이다. 마지막 때에 대한 일을 구체적으로 예언한 요엘 선지자는 다음과 같이 종말에 있을 일을 내다보았다.

> 그런즉 내가 이스라엘 가운데에 있어 너희 하나님 여호와가 되고 다른 이가 없는 줄을 너희가 알 것이라 내 백성이 영원히 수치를 당하지 아니하리로다 그 후에 내가 내 영을 만민에게 부어 주리니 너희 자녀들이 장래 일을 말할 것이며 너희 늙은이는 꿈을 꾸며 너희 젊은이는 이상을 볼 것이며 그때에 내가 또 내 영을 남종과 여종에게 부어 줄 것이며 내가 이적을 하늘과 땅에 베풀리니 곧 피와 불과 연기 기둥이라 여호와의 크고 두려운 날이 이르기 전에 해가 어두워지고 달이 핏빛 같이 변하려니와 누구든지 여호와의 이름을 부르는 자는 구원을 얻으리니 이는 나 여호와의 말대로 시온 산과 예루살렘에서 피할 자가 있을 것임이요 남은 자 중에 나 여호와의 부름을 받을 자가 있을 것임이니라(욜 2:27-32).

이스라엘이 회복되어 하나님이 이스라엘의 하나님이 되심을 사람들이 알게 될 때에, 성령을 만민에게 부어 주리라는 약속의 말씀이다. 그 이후에는 다음과 같은 일이 일어날 것이다.

> 보라 그 날 곧 내가 유다와 예루살렘 가운데에서 사로잡힌 자를 돌아오

게 할 그때에 내가 만국을 모아 데리고 여호사밧 골짜기에 내려가서 내 백성 곧 내 기업인 이스라엘을 위하여 거기에서 그들을 심문하리니 이는 그들이 이스라엘을 나라들 가운데에 흩어 버리고 나의 땅을 나누었음이며 (욜 3:1-2).

이스라엘이 회복되고 성령이 부어질 때, 하나님은 열국을 이스라엘 중심으로 나누실 것이다. 지금 온 세계는 친이스라엘과 반이스라엘로 나누어지고 있다. 어제까지 동맹이었던 나라가 오늘은 등을 돌리고 있고, 중동에서는 이스라엘을 위협하는 수위가 점점 높아지고 있다. 영적으로도 마찬가지다. 기독교계 안에서는 이스라엘의 회복과 선교를 위한 운동들이 하나같이 왜곡된 시선과 함께 비판을 받고 있다. 세계 복음화를 외치던 교회들은 유대 민족 구원에 있어서는 냉담하다. 이러한 때에 하나님은 특이할 만한 일을 일으키실 것이다.

너희는 모든 민족에게 이렇게 널리 선포할지어다 너희는 전쟁을 준비하고 용사를 격려하고 병사로 다 가까이 나아와서 올라오게 할지어다 너희는 보습을 쳐서 칼을 만들지어다 낫을 쳐서 창을 만들지어다 약한 자도 이르기를 나는 강하다 할지어다 사면의 민족들아 너희는 속히 와서 모일지어다 여호와여 주의 용사들로 그리로 내려오게 하옵소서(욜 3:9-11).

대대적인 전쟁이 일어날 것을 예언하고 있다. 이는 하나님께서 대 추수를 위해 영적 군대를 소집하시는 장면이다. 그들은 무기를 준비할 것이며 낫을 써서 곡식을 거두어들일 것이다.

너희는 낫을 쓰라 곡식이 익었도다 와서 밟을지어다 포도주 틀이 가득히 차고 포도주 독이 넘치니 그들의 악이 큼이로다(욜 3:13).

사도 요한도 동일한 비전을 보았는데 곡식과 포도주, 즉 알곡과 쭉정이가 따로 거두어지는 장면을 묘사하고 있다. 이는 모두 이스라엘 중심으로 세계가 다시 정렬하게 될 때 일어날 전무후무한 사건이 될 것이다.

또 내가 보니 흰 구름이 있고 구름 위에 인자와 같은 이가 앉으셨는데 그 머리에는 금 면류관이 있고 그 손에는 예리한 낫을 가졌더라 또 다른 천사가 성전으로부터 나와 구름 위에 앉은 이를 향하여 큰 음성으로 외쳐 이르되 당신의 낫을 휘둘러 거두소서 땅의 곡식이 다 익어 거둘 때가 이르렀음이니이다 하니 구름 위에 앉으신 이가 낫을 땅에 휘두르매 땅의 곡식이 거두어지니라 또 다른 천사가 하늘에 있는 성전에서 나오는데 역시 예리한 낫을 가졌더라 또 불을 다스리는 다른 천사가 제단으로부터 나와 예리한 낫 가진 자를 향하여 큰 음성으로 불러 이르되 네 예리한 낫을 휘둘러 땅의 포도송이를 거두라 그 포도가 익었느니라 하더라 천사가 낫을 땅에 휘둘러 땅의 포도를 거두어 하나님의 진노의 큰 포도주 틀에 던지매 성 밖에서 그 틀이 밟히니 틀에서 피가 나서 말 굴레에까지 닿았고 천육백 스다디온에 퍼졌더라(계 14:14-20).

Israel and

Replacement Theology

최후의 비전

　예수를 믿는 모든 사람들이 가져야 할 가장 영광스러운 비전이 무엇인가? 아메리칸 드림과 같은 이 세상에 속한 나의 왕국과 부귀 영화가 아니다. 그것은 주님의 다시 오심에 대한 소망이다. 우리는 선지자들이 그토록 보기를 원했던 주의 날을 바라보고 있다. 이스라엘과 모든 세상 사람이 함께 시온 산에 올라 "바룩 하바 베쉠 아도나이!"라고 이스라엘의 왕이신 예수 그리스도를 환영하고 영접하는 것은 가장 영광스러운 순간이 될 것이다. 우리는 다시 한 번 이스라엘이 열방에 복음의 빛이 되어 만방의 사람들이 구원의 소식을 듣게 되어 지상명령이 완성되는 것을 보게 될 것이다. 예루살렘과 열방의 교회는 기도하는 집이 되어 성도들이 밤낮으로 주님께 경배하고 찬양하게 될 것이며 그 모습은 모든 사역과 선교의 대단원이다.

　　일어나라 빛을 발하라 이는 네 빛이 이르렀고 여호와의 영광이 네 위에 임하였음이니라 보라 어둠이 땅을 덮을 것이며 캄캄함이 만민을 가리려니와 오직 여호와께서 네 위에 임하실 것이며 그의 영광이 네 위에 나타나리니 나라들은 네 빛으로, 왕들은 비치는 네 광명으로 나아오리라(사 60:1-3).

내가 곧 그들을 나의 성산으로 인도하여 기도하는 내 집에서 그들을 기쁘게 할 것이며 그들의 번제와 희생을 나의 제단에서 기꺼이 받게 되리니 이는 내 집은 만민이 기도하는 집이라 일컬음이 될 것임이라(사 56:7).

2부

대체신학의 베일을 벗다

들을 버리는 것이 세상의 화목이 되거든 그 받아들이는 것이 죽은 자 가운데서 살아나는 것이 아니면 무엇이리요.
_로마서 11장 15절

Israel and
Replacement Theology

대체신학이란 무엇인가?

대체신학(Replacement Theology) 혹은 대체 사상(Replacement Theory)은 하나님이 범죄한 이스라엘을 버리시고 이스라엘을 이방 교회로 대체(Replace)하셨다고 믿는 사상이다. 이는 성경을 보는 관점의 하나로서, 범죄한 육적 이스라엘의 시대는 완전히 끝이 났고 교회가 영적 이스라엘로서 그 자리를 대체했다는 이론이다. 대체신학의 또 다른 학술적 용어는 'Supersessionism'으로서, '위'라는 뜻의 라틴어 'super'와 '앉다'라는 뜻의 'sedere'가 합쳐져서 '교체하다, 파기하다'라는 뜻의 단어가 되었다. 어떤 부류에서는 대체신학이라는 말보다는 '성취신학(Fulfillment Theology)' 혹은 '언약신학(Covenant Theology)'으로 부르기도 한다.

대체신학은 이스라엘이 장자의 자리에서 쫓겨나고 그 자리를 이방인들이 받았기 때문에, 이스라엘은 버림을 받았고 현대 이스라엘은 성경에 나오는 이스라엘과 아무런 상관이 없다고 믿는다. 정도의 차이는 있을지라도, 오늘날 세계 교회의 다수는 이러한 사상을 따르고 있으며, 국가 이스라엘의 소명에 대해 간과하고 있다. 교회 강단에서 회복된 이스라엘에 관한 설교를 듣기는 매우 어려운 일이다. 심지어 어떤 사람들은 이스라엘이 구원에서 끊어졌다는 이론까지 받아들인다.

대체 사상이 실제로 현대 기독교 메시지에서 어떻게 나타나는지 다음과 같은 예를 보면 알 수 있다.

에스겔 37장은 흔히 '마른뼈 환상'이라고 알려져 있다. 이 말씀은 주로 교회나 자신이 속한 단체의 개혁이나 부흥을 외칠 때 흔히 사용된다. 그런데 이어서 나오는 다음과 말씀들은 어떻게 해석할 것인지 고민해 보고 있는가?

> 또 내게 이르시되 인자야 이 뼈들은 이스라엘 온 족속이라 그들이 이르기를 우리의 뼈들이 말랐고 우리의 소망이 없어졌으니 우리는 다 멸절되었다 하느니라(겔 37:11).

> 그러므로 너는 대언하여 그들에게 이르기를 주 여호와께서 이같이 말씀하시기를 내 백성들아 내가 너희 무덤을 열고 너희로 거기에서 나오게 하고 이스라엘 땅으로 들어가게 하리라(겔 37:12).

> 내가 또 내 영을 너희 속에 두어 너희가 살아나게 하고 내가 또 너희를 너희 고국 땅에 두리니 나 여호와가 이 일을 말하고 이룬 줄을 너희가 알리라 여호와의 말씀이니라(겔 37:14).

> 그들에게 이르기를 주 여호와께서 이같이 말씀하시기를 내가 이스라엘 자손을 잡혀 간 여러 나라에서 인도하며 그 사방에서 모아서 그 고국 땅으로 돌아가게 하고(겔 37:21).

내 성소가 영원토록 그들 가운데에 있으리니 내가 이스라엘을 거룩하게
하는 여호와인 줄을 열국이 알리라 하셨다 하라(겔 37:28).

원래 본문은 이스라엘의 회복 과정을 보여 주고 있는데, 마른 뼈같은 이
스라엘이 하나의 국가로 일어나되(겔 37:1-8), 거기서 끝나지 않고 이스라엘
에게 생기가 임하여서 하나님의 군대로 회복됨을 보여 주고 있다(9-10절).
이어서 본문은 이스라엘이 한 나라로 온전하게 회복될 것을 내다보고 있
고(11-23절), 장차 오직 한 분이신 예수 그리스도만을 왕으로 영원히 섬기는
민족이 될 것을 예견하고 있다(24-28절). 이스라엘을 제외한 채 어떤 나라나
교회가 이러한 약속을 받는다고 믿는 것은 논리적으로 이해하기가 힘들다.

본문을 개인적 묵상 차원에서 자신과 공동체에 적용하는 것은 좋은 일
이다. 하지만 본문의 본래 뜻을 전혀 고려치 않고 자의적으로 해석함으로
나타나는 부작용들은 분명 하나님의 말씀을 왜곡한 결과라고 할 수 있다.

대체주의 신학의 분류

그렇다면 대체 사상에 대해 좀 더 구체적으로 논의해 보자. 소울렌
(Soulen)은 『이스라엘의 하나님과 기독교 신학(*The God of Israel and Christian Theology*)』
에서 대체 사상을 다음과 같이 세 가지로 나눈다.

첫째, '처벌적(Punitive) 대체주의'이다. 이는 유대인들이 메시아를 거부했
기 때문에 하나님께서 그들을 거부하셨다는 이론이다. 유대인들의 불신으
로 하나님은 등을 돌리셨고, 이방 교회를 그들의 자리로 받아들이셨다고
믿는다.

둘째, '경륜적(Economic) 대체주의'이다. 이것은 시내산에서부터 메시아에 이르는 이스라엘의 전체 경륜은 예수님에 의해서 밝히 드러났으며, 이스라엘은 교회를 탄생시킬 때 사라지기 위해 상징이나 예표로서 하나님에 의해 고안된 것이라고 주장한다.

셋째, '구조적(Structural) 대체주의'이다. 이스라엘 자체는 실제로는 성경의 중심 이야기가 아니라는 이론이다. 이스라엘의 요소들은 우주적인 죄와 우주적 구원, 천지창조부터 역사의 완성을 보여 주는 데에 단지 단순한 배경을 제공한다는 입장이다.

이것을 믿는 그리스도인들이 놀라울 정도로 많다. 대체신학이 말하는 것처럼 과연 하나님은 이스라엘과 결국 이혼하셨는가? 이스라엘은 버림 받은 민족이 되었으며, 그들과 맺은 언약은 모두 파기되었는가? 이 질문에 대한 대답을 신중히 해야 하는 이유는 대체 사상이 성경 해석과 하나님을 믿는 모든 성도에게 영향을 주기 때문이다.

대체신학이 주장하는 핵심 내용을 정리하면 다음과 같다.

첫째, 구약성경보다 신약성경을 우위에 둔다. 대체신학은 구약을 신약의 관점에서 보아야 한다고 믿는다. 따라서 신약은 구약보다 우위에 있거나 구약을 새롭게 정의 내린다.

둘째, 이스라엘 국가는 모형으로서 보아야 한다. 국가적 이스라엘은 그리스도와 교회의 모형으로 해석해야 한다. 교회는 국가인 이스라엘의 미래와는 관련이 없으며 참 이스라엘이 되는 그리스도 위에 세워져야 한다고 주장한다.

셋째, 이스라엘은 거절되었다. 마태복음 21장 43절의 예를 들어 하나님의 나라는 이스라엘 국가로부터 신약의 교회에게 주어졌다고 믿는다.

넷째, 교회가 새 이스라엘이다. 갈라디아서 6장 16절, 로마서 2장 28-29절, 베드로전서 2장 9-10절 등의 말씀에 근거해 신약은 교회가 새로운 이스라엘이라고 주장한다.

다섯째, 유대인과 이방인의 동질성은 이스라엘의 회복을 제외시킨다. 에베소서 2장 11-22절, 로마서 11장 17-24절을 근거로 유대인과 이방인은 하나가 되었으므로 이스라엘 국가의 독특한 정체성은 더 이상 존재하지 않는다고 본다.

여섯째, 이스라엘 대신 교회가 새 언약을 기업으로 받는다. 히브리서 8장 8-13절을 근거로 새 언약이 이스라엘과 맺은 것이었지만 신약 시대는 교회가 새 언약에 참여한다고 주장한다.

그러나 위의 구절들이 과연 이스라엘은 거절되었고, 교회로 대체되었다는 가설을 뒷받침 할 수 있는 근거가 되는지 하나씩 살펴볼 필요가 있다.

Israel and

Replacement Theology

대체신학의 기원

하나의 신학이나 종교적 이념이 정립되려면 사회 배경이 그 기틀을 제공하기 마련이다. 신학은 독립적이지 않고 그 시대의 사상이나 조류를 그대로 반영한다. 실제로 대체신학의 기원은 반유대주의(Anti-Semitism)에 그 뿌리를 두고 있다. 반유대주의는 유대인의 역사만큼이나 오래된 일이다.

이스라엘의 열두 지파가 탄생하게 된 실제 조상인 야곱은 형 에서에게서 핍박을 받았고 생명의 위협을 당했다. 이스라엘의 자손들이 애굽 땅에 우거할 때도 그들이 번창한다는 이유로 고된 노역 뿐 아니라 새로 태어난 남자 아이들을 모두 죽이라는 이해할 수 없는 박해를 받았다. 이스라엘이 바사 왕 아하수에로의 지배하에 있을 때 수산 궁의 하만에 의해 모르드개와 유대 백성을 표적으로 한 대학살 음모가 있었지만, 에스더의 지혜로 극적인 구출을 받았다. 예수 그리스도가 탄생할 무렵에는 두 살 이하의 모든 유대인 아이들을 살해하라는 명령이 내려졌다.

반유대주의는 신앙적으로는 이스라엘이 가진 독특한 유일신 사상에 근거한다. 여호와를 섬기는 유일신관은 이방의 다신교와는 타협을 거부한다.

열강들의 정치적 박해가 이들에게는 종교적 핍박으로 해석되었다. 그들이 어디서나 타협 없이 지켜 왔던 안식일, 음식법, 절기 등은 유럽인들에게는 늘 거슬리는 관습이었다. 또한 어떤 민족과도 동화되지 않는 유대인들의 선민사상(Chosen People)은 유럽의 지배 계층에게 혐오감을 주었으며, 나아가 이런 신앙관은 반사회적 경향을 지닌 것으로 분류되어 박해의 근거를 제공했다.

이스라엘을 중심에 두고 교회 안에서도 갈등이 심화되었다. 대체신학 사상이 발생하게 된 배경을 간략하게 살펴보자.

첫째, 주후 70년과 주후 132-135년의 바르 코크바 반란 사건으로 인해 이스라엘이 로마에게 참혹하게 패망하였기 때문이다.

이 전쟁의 결과, 이스라엘은 국가로서 지구상에서 그 자취를 감추게 되었다. 수많은 유대인이 노예로 팔리고 강제로 다른 지역으로 이주하게 되었다. 유대 지역이 '팔레스타인(Palestine)'으로 바뀌게 되었으며 예루살렘은 철저히 파괴되었고, '아일리아 카피톨리나(Aelia Capitolina)'라는 로마식 이름으로 바뀌게 되었다. 이로써 유대인 디아스포라는 더욱더 확산되었고, 이후로 거의 2,000년 동안 이스라엘은 유대인들의 종교적, 정치적, 문화적 중심지로서의 기능을 잃어버렸다.

성경에 그렇게도 많이 나오는 이스라엘 국가에 대한 말씀을 이제 어떻게 적용시키고 해석해야 하는가에 대한 성경 해석학적 문제가 발생하게 되었다. 도대체 이스라엘은 이대로 그 운명을 다한 것인가? 하나님은 구약 선지자들에게 선언하셨던 약속을 저버리고 정말 이스라엘을 버리셨는가? 그렇다면 기록된 이스라엘에 대한 언약과 예언들은 누구를 위한 것이며 어떻게 해석해야 하는가? 이스라엘이 버림받은 것이라면 현재 지리적인 이스라엘은 어떻게 보아야 하는 것인가? 이런 주제들은 오랫동안 신학자들과 설교자들의 딜레마였다.

초대 교회 교부(Church Fathers)들은 예수님 사후 이스라엘의 패망이 하나님께서 선민이었던 이스라엘 민족을 완전히 버리신 궁극적인 증거로 보았다. 어떤 사람들은 마지막 때에 유대인들이 집단적으로 회심할 것이라고 가르치기는 했지만, 이스라엘은 결코 다시 선택된 민족이 될 수 없으며, 고토로 다시 돌아갈 수 없을 것이라고 믿었다. 이러한 견해가 발전함에 따라 여러 가지 성경 해석 방법이 나타났다.

결국 이스라엘과 관련되어 성취되지 않고 있는 말씀들은 상징과 비유로써 교회에 적용해야 한다고 가르쳤다. 하지만 그것은 실제 성경 줄거리와 충돌하기 때문에 매끄럽고 자연스러운 해석이 불가능하게 된다. 결국 교회에 적용 가능한 구절만 선택적으로 해석, 적용해 왔으며 그 나머지 말씀들에 대해서는 성경을 기록하신 원 저자의 의도와 큰 차이가 나게 되었다.

특히 이방 교회는 이스라엘에게 주어진 영광, 유대인들의 본토로의 귀환같은 축복의 말씀에 대해서는 본문의 정황과 상관없이 무분별하게 적용하고, 회개와 심판과 같은 말씀들은 유대인들에게 대한 것인양 왜곡해 버렸다. 이후로 이스라엘 민족에 대해 사용되었던 성경 용어들은 신약의 교회를 말하는 것이라는 이론으로 정당화하게 되었다.

둘째, 유대인이 예수님을 죽인 민족이라는 그 사상이 지배적이었기 때문이다.

주후 2세기 이후 기독교 교회 지도자들은 유대인들의 멸망을 그리스도를 죽인 것에 대한 정당한 고난으로 생각하였고, 그로 인해 이스라엘은 여호와께 거절당한 것으로 판단하게 되었다. 일부 유대인들에 의한 그리스도의 십자가 처형 사건 이후 역사 가운데 유대인들은 '메시아를 죽인 민족'이라는 꼬리표가 항상 따라 다녔다. 이는 디아스포라인 유대인을 더욱 고립시키고 핍박하게 만들었던 명분이 되었다.

하지만 이 명제는 올바르지 않다. 단지 일부의 세력들에 의한 처형이었지 유대 민족 전체가 행한 일이라고 말할 수 없기 때문이다. 모든 유대인들이 한 자리에 모여 예수님을 죽인 것이 아니다. 사실 수없이 많은 유대인들이 구원을 받았고, 유대인들이 성경을 기록했으며, 많은 유대인들이 그리스도의 제자로 헌신했다. 결국 그들이 디아스포라가 되어 복음을 전했다. 실제로 예수님을 십자가에 못박을 수 있는 권한은 당시 권력자들에게 있었으며 모두 이방인이었다. 메시아를 거부한 종교 지도자들이 일부 유대인들을 선동하였고, 판단이 흐려진 빌라도와 같은 이방 재판자들이 불의한 판결을 통해 십자가 형을 내리게 했다. 성경은 이렇게 기록한다.

> 과연 헤롯과 본디오 빌라도는 이방인과 이스라엘 백성과 합세하여 하나님께서 기름 부으신 거룩한 종 예수를 거슬러(행 4:27).

사탄은 단순히 예수님을 죽이고자 한 것 뿐만 아니라 동시에 유대인 모두를 말살하려고 한다. 사탄은 유대인 종교 지도자들을 일으켜 그리스도를 죽게 한 반면, 이방인들을 부추겨 유대인들을 말살시키려고 한다. 결국 구세주의 사명도 막고, 유대 민족도 말살하여 메시아가 유대인 가운데 다시 오지 못하도록 하려는 사탄의 속임수가 숨어 있다. 무엇보다 예수님은 한 개인이나 한 민족에 의해서가 아니라 바로 나의 죄 때문에 십자가에서 죽으셨음을 명심해야 한다.

셋째, 콘스탄티누스 대제(Constantine the Great, 주후 272-337년)와 이후 종교회의를 통해 이스라엘의 전통이 제거되었기 때문이다.

역사적으로 기독교 안에서 평가가 크게 양분되는 인물이 콘스탄티누스 대제이다. 그는 핍박 속에 있던 기독교를 로마의 국교로 인정한 인물이다. 그러나 부정적인 견해는 기독교의 공인이 결국 교회 타락의 문을 활짝 열어 놓게 되었다는 면이다.

우리는 복음이 로마의 길을 타고 전 세계로 흘러 갈 수 있었던 것에는 하나님의 섭리가 있다고 믿는다. 하지만 시간이 흐르면서 결과적으로 로마 가톨릭 등 복음과 성경적 진리가 심각하게 훼손된 모습과 그 열매들을 우리는 또한 보고 있다. 무엇보다 이스라엘로부터 나오는 모든 근원을 묻어버리고 그 자리에 이교도 사상이 자리잡게 한 것은 안타까운 일이 아닐 수 없다. 그는 기독교 안에서 히브리적인 뿌리를 제거하는 데 결정적인 역할을 하였다. 이전에 없었던 새로운 형태의 기독교가 창안된 것이다.

콘스탄티누스 황제가 기독교를 국교로 승인하기 전까지 로마는 이교(Pagan)로 가득했다. 하지만 이교도를 기독교로 개종시키는 과정에서 가장 큰 걸림돌은 유대인들이었다. 특히 헬라 문화와 유대 문화는 상생할 수 없었으며, 비유대인들이 교회에 점점 유입됨으로 인해 초대 교회의 모습과는 전혀 다른 교회의 형태를 띠게 되었다.

유대인들의 전통적인 가정 예배나 회당 예배 대신 그리스-로마 문화가 유입되면서 유대 전통의 색채가 서서히 사라지게 되었다. 종교 학자들도 이러한 새로운 로마식 기독교 신학을 수립하는 데 동원되었다. 결국 기독교를 대중화하고 황제의 지지를 견고하게 하기 위해 새로운 종류의 기독교가 탄생하게 된 것이다. 여호와의 절기, 샤밧(안식일) 예배 등을 유대인의 전통이라고 해서 반대하거나 이교 사상과 혼합하는 일들이 벌어지게 되었다. 황제의 신앙이 진정한 것이었는가에 대해 의견이 분분하나 그가 단지 죽기 전에 세례를 받았다는 사실은 많은 것을 함의하고 있다.

그는 주후 325년에 일부 교리적인 문제들을 해결하기 위해 소집한 니케아 공의회에서 유대인들을 '악한 죄에 더럽힌 오염된 불쌍한 존재'라고 단정하고 유대인들로부터 교회를 분리하기 원했다. 그는 너무나 유대인 냄새가 나는 유월절을 대신해 다른 축제일이 필요하다고 생각하면서 부활절을 제정했다. 또한 원래 태양신을 섬기던 날을 예수 그리스도의 탄생일로 탈바꿈시켰다. 콘스탄티누스는 교회 한 감독관 모임에서 "가장 성스러운 절기의 축제에 그들의 손을 엄청난 죄에 불경스럽게 더럽혀 온, 그래서 영혼의 무지함으로 응분의 고통을 당해 오고 있는 유대인들의 관습을 우리가 따라야 한다는 것이 합당치 않은 일로 여긴다"라는 기록을 남겼다.

더욱이 주후 787년 제2차 니케아 공의회가 열릴 당시에는 믿는 유대인들이 유대적인 것들을 버림으로써 기독교인임을 입증해야 했다. 안식일이나 유대인 관습들을 버리지 않으면 교회 공의회에 의해 교단에서 거부되었다. 심지어 증인들 앞에서 돼지고기를 먹음으로써 자신들의 회심을 증명해야 했다.

이어서 주후 1215년의 라테란 공의회에서는 모든 유대인들은 '유대인 배지'를 착용하고 구별된 옷을 입도록 강요되었다. 이는 민수기 15장 말씀을 가지고 유대인들을 조롱한 것이다. 유대인들에게 십일조를 강요하여 가톨릭 교회의 세입의 손실을 막으려 했고, 독일의 일터에서 모든 유대인들을 해고시킬 수 있는 법을 제정했다. 나중에는 유대인들에게 분리된 주거지에서 살 것과 구별되는 옷을 입을 것을 강요하기에 이르렀다. 이는 장차 히틀러가 유대인들에게 노란색의 다윗의 별을 달도록 강요하고, 유대인 거주지(Ghetto)에 강제 이주시킨 것에서 재연되었다.

대체신학의 기반이 된 사상

초기 기독교회가 발전함에 있어서 초대 교부들(Church Fathers)의 역할과 공헌은 적지 않다. 하지만 유독 이스라엘에 대한 그들의 입장은 매우 강경했다. 당시 성경 해석학의 한계를 인정할 수밖에 없지만 사회 전반에 깔린 반유대 사상이 얼마나 컸는지 대충 짐작할 수 있다. 다음과 같은 역사의 이론과 사상들은 대체신학이 발생하게 된 원인들을 제공하였다.

저스틴(Justin Martyr, 주후 100-165년)

저스틴은 당시 저명한 초대 교회의 교부로서 '진정한 영적 이스라엘(The true spiritual Israel)'이라는 개념을 만들어 내었다. 즉 중동 땅의 이스라엘 국가가 지도에서 사라지고 없어졌으니, 이제 교회가 영적 이스라엘로서 이스라엘 국가를 대체한다는 것이다.

저스틴은 가상 인물인 한 랍비와의 대화법 형식을 빌린 『트리포와의 대화(*Dialogue with Trypho*)』에서 "진정한 영적 이스라엘은 십자가에 죽으신 그리스도로 말미암아 하나님께로 이끌림을 받은 우리들이다"라고 기술했다. "하나님은 이 사람들(그리스도인들)을 축복하시고 이스라엘로 부르셨다. 그리고 그들에게 자신의 유업을 주셨다. 어떻게 당신들(유대인들)만 이스라엘이라고 할 수 있는가? 어떻게 당신들 스스로에게 적용함으로 속았던 것을 회개하지 않는가?"라고 기록하고 있다. 그는 트리포에게 다음과 같이 선언한다.

> 우리들(그리스도인들)은 영원한 유업을 받을 때 아브라함과 함께 믿음을 통해 아브라함의 자녀들로서 거룩한 땅(Holy land)을 유업으로 받을 것이다.

저스틴은 과거 족장들의 언약은 더 이상 유대인들에게 적용되지 않고 이방 그리스도인들에게 전환되었다고 믿었다.

터툴리안(Tertullian, 주후 160-220년)

북아프리카 출신의 출중한 신학자 터툴리안은 주후 200년 경에 반유대주의의 내용이 담긴 『유대인들에 대한 답변(*An Answer to the Jews*)』이라는 책을 썼다. 그는 창세기 25장 23절에 등장하는 에서와 야곱에 대한 예언에서 에서를 유대인으로, 야곱을 기독교인으로 재해석했다. 그는 하나님께서 그리스도인들이 유대인들에 대해 승리하게 하였다고 간주하면서 유대인들은 기독교인들을 섬겨야 한다고 주장했다. 터툴리안은 교회는 하나님의 백성으로서 이스라엘을 대신했으며 이스라엘의 하나님은 이스라엘과 이혼하셨다고 주장했다.

오리겐(Origen, 주후 185-254년)

오리겐은 이집트 출생이다. 당시 이집트에는 알렉산더 대왕이 세운 알렉산드리아라는 도시가 있었는데 이것은 1세기 학문과 상업의 중심지였다. 그리스 철학과 학문, 문학이 번성하고 비유법이 성행했다. 그 당시 비교할 만한 사람이 없을 정도로 위대한 신학자로 인정받았던 오리겐은 성경의 문자적 해석 대신 상상력을 가미한 '비유적 해석법(Allegorical Methods)'을 가르쳤다. 대체신학의 이론적 기초를 제공한 것이 바로 이 해석 방법이다. 그의 비유적 해석이 때로는 지나친 경우도 있었지만 서서히 받아들이게 되었다.

초대 교회에 영향력을 크게 미쳤던 오리겐은 이스라엘은 하나님에게 거절되었으며 교회가 '새 이스라엘'이라고 가르쳤다. 그는 이스라엘 백성은 그들의 죄로 인해 영원히 버림받았다는 '심판으로서의 대체신학(Punitive supersessionism)'을 주장했다. 그는 이스라엘은 원래 모습으로 결코 회복되지 않을 것이라고 확신했다.

그의 『셀서스에 반박하여(Against Celsus)』라는 책에 의하면, "유대인들은 모두 버림받았으며 지금은 그들의 과거 영광 중 어떤 것도 가지고 있지 않다. 유대인들에게서는 그들 가운데 있었던 하나님의 어떤 신성도 찾을 수 없다."라고 썼다.

그는 『신학 원리론(De Principiis)』을 통해 성경 의미의 삼중적 구조(Threefold meaning)에 대해 논증했다. 성경의 문자적인 의미 이외에 영적 의미가 가장 중요함을 역설했다. 그는 최초로 이스라엘을 '육적 이스라엘(Carnal Israel)'과 '영적 이스라엘(Spiritual Israel)'로 나누었다. 급기야 예수님께서 인종적으로 유대인인 것을 부정했다. 예를 들면, 마태복음 15장 24절에 이스라엘의 잃은

양에게로 보냄을 받은 예수님은 유대인이 아니며, 이스라엘은 하나님을 진실로 아는 모든 이들이 이스라엘이 될 수 있다고 주장했다. 이스라엘은 하나님을 보는 '마음(Mind)'이나 '사람(Man seeing God)'이라고 했다.

오리겐의 상징적 주해는 창의적이었지만 지리적, 육적 이스라엘의 유산을 부정하였으며 자주 문맥과는 먼 해석을 시도했다. 교회 역사가 필립 샤프(Philip Schaff)는 오리겐에 대해 문법적이고 역사적인 해석을 무시하고 숨겨진 신비적인 의미를 발견하는 데 열정적이었다는 것이 그의 가장 큰 결점이라고 평가했다.

유세비우스(Eusebius Pamphilius, 주후 263-339년)

유세비우스는 콘스탄티누스 황제의 친구이자 조언자로, 새로운 신학 수립에 있어서 반유대 사상이 로마의 국가 정책이 되도록 하였다. 월터 카이저(Walter C. Kaiser Jr.)는 유세비우스(Eusebius Pamphilius)와 콘스탄티누스 황제(Emperor Constantine) 사이에 형성된 정치, 종교적인 동맹에서 결정적으로 대체 신학의 기원을 찾는다.

이 사상은 유대인들이 예수님을 죽인 민족으로서 저주를 받아 나라가 망하고 전 세계로 떠돌아다닌다는 반유대주의가 확산되고 있던 상황이었기에 더욱 이치에 맞는 논리로 받아들여졌다. 축복의 말씀은 교회가, 저주의 말씀은 전 세계로 방랑하고 있는 이스라엘 민족이 받게 된다는 것이다. 아이러니한 것은 2차 세계대전 당시 홀로코스트 등 유대 민족의 환란 앞에서는 교회가 이스라엘을 대신한 참 이스라엘이라는 주장을 하지 않았다는 점이다.

요한 크리소스톰(John Chrysostom, 주후 340-420년)

동방 교회 역사상 가장 훌륭한 설교자로 불리는 요한 크리소스톰은 시리아 안디옥에서 "유대인들을 대항하여(*Against the Jews*)"라는 주제로 설교를 했다. 그의 설교는 나중에 유대인들의 운명에까지 영향을 주었다.

그는 이렇게 설교했다.

> 이제 여러분들이 유대인 대신 정착한 것이다. 유대인들은 음탕하고 탐욕스럽고 욕심 많고 불성실한 악당들이며, 상습적인 살인자들이고, 파괴자들이며, 악마에 붙잡힌 자들이다. 또한 방탕과 술 취함으로 탐욕스런 돼지와 염소같이 변했다. 그들은 오직 한 가지만 알고 있다. 배를 채우고 술 마시며 서로 물어뜯어 죽이는 것이다. 하나님은 너희를 증오한다.

기독교 신앙을 갖게 된 유대인들은 유대인의 전통과 관습을 모두 끊어버리도록 요구되었다. 만일 거부할 때는 이단으로 여겨지게 되었고 혼합된 이방인 기독교의 비난을 받게 되었다.

어거스틴(Augustine, 주후 354-430년)

어거스틴은 중세 스콜라 학파에 지대한 영향을 준 신학자로서 현대 개신교에서까지 중요한 위치를 차지하는 인물이다. 유대교나 이스라엘 이슈가 어거스틴이 연구한 중심 주제가 아니었다 할지라도 중세 때 어거스틴이 대체신학에 공헌한 바는 지대했으며, 그것은 중세 암흑기 전체에 영향을 주었다. 그는 이스라엘이라는 명칭이 기독교 교회에 속한 것이라고 명시하고 있다. "하나님이 우리에게 주신 은혜에 대한 마음을 견고히 지니고 있다면 우리들은 아브라함의 씨앗인 이스라엘이다. 그러므로 더 이상 그리스도인은 스스로를 이스라엘에 대해 이방인으로 여기지 말아야 한다." 그는 또한 이렇게 말한다. "이방인이 신자가 되어 새 언약의 한 부분이 되고 마음에 할례를 받으면, 그는 이스라엘의 한 부분이 된다."

하나님의 계획에 있어서 이스라엘의 역할에 대해서 어거스틴은 민족적 이스라엘은 영적 이스라엘인 그리스도인들의 모형이라고 했다. "유대인들이 모형이라면 그리스도인들은 사실이고, 그들이 그림자라면 우리는 몸체다." "유대인들이 죽는 것이 마땅하지만, 대신 천벌을 받은 증인으로서 그리고 교회가 회당을 이겼다는 승리를 증거하는 증인으로서 지구 위를 떠돌아다니도록 운명 지워졌다."

어거스틴 당시 유대인들과 유대교의 존재는 교회에 있어서 변증론적인 이슈가 되었다. 만일 교회가 새 이스라엘이라면 이스라엘의 유대인들이 존재하는 목적은 무엇인가? 어거스틴은 이 딜레마에 대해 답을 제시했다. 그에게 있어서 유대인의 존재는 '증인'으로서의 역할이었다. 다시 말하면, 그들은 옛 선지자들의 메시지에 대한 믿음과 하나님의 심판과 기독교의 타당성에 대한 증인들이었다. 유대인들이 쓴 성경은 기독교가 그리스도에 대해 거짓말을 하지 않는다는 증거로서의 역할을 한 것으로 보았다.

마르틴 루터(Martin Luther, 주후 1483-1546년)

1517년에 독일에서 로마 가톨릭에 대항하여 종교개혁을 감행했던 마르틴 루터는 유대인들에 대해서는 강한 반유대주의적 입장을 고수했다. 초기에는 그가 유대인들이 기독교로 개종하는 것에 대해 열정적이었다. 그는 유대인들에게 불친절하게 대해서는 안된다고 했으며 그들은 언젠가 조상들의 믿음을 따라 기독교인이 될 것이며, 유대인들은 하나님의 계획 안에서 특별한 부르심이 있다고 믿었다.

그러나 1530년대 말부터 그의 저서에는 완전히 다른 태도가 드러났다. 말년에 이르러서는 과격한 표현으로 유대인들에 대한 회의감을 표했다. 1543년에 쓴 『유대인들과 그들의 거짓말에 관련하여(Concering the Jews and Their Lies)』라는 글에서 가장 강한 반발심이 드러난다. "우리 기독교인들은 이 거절되고 저주받은 사람들인 유대인들에 대해 무엇을 할 수 있단 말인가? 그들이 우리 가운데 거주한 이후로 그들의 소행을 참을 수 없다. 지금 우리는 그들의 거짓말과 욕설과 신성모독을 알고 있다."

루터의 이스라엘에 대한 입장은 오리겐과 마찬가지로 '심판으로서의 대체신학(Punitive replacement)'이다. 주후 70년 이후 예루살렘의 패망은 이스라엘에 대한 하나님의 영원한 거부의 증거로 보았다.

> 유대인들은 들으라. 예루살렘과 너희들의 주권과 성전과 제사장으로서의 권한이 1,460년 만에 무너졌다.… 이것은 유대인들에 대한 진노의 역사며 하나님에게 거절당했으며, 더 이상 하나님의 백성도, 더 이상 너희들의 하나님도 아니시다.… 그러므로 유대인들은 그들의 약속을 잃어버렸으며, 그들의 조상 아브라함이 얼마나 자랑스러운지 몰라도 그들은 더 이상 하나님의 백성이 아니다.… 참 이스라엘은 새 언약을 수용하는 사람들이다.… 따라서 이방 기독교인들이 참 이스라엘이며 새 유대인이며, 그리스도를 낳았으며, 가장 고귀한 유대인이다.

그는 로마서 11장 주석에서 본문 내용과는 정반대로 유대인들은 미움을 받아도 마땅하며, 하나님도 그들을 미워하시고 사도들과 모든 하나님의 사람들에게도 미움을 받는다고 기록하고 있다. 독재자 아돌프 히틀러(Adolf Hitler)는 이러한 루터의 선언을 자신의 저서 『나의 투쟁(*Mein Kampf*)』에서 그대로 반영했으며 제2차 세계대전 당시 독일이 조직적으로 수백만 명의 유대인을 제거하기 위한 근거로 사용했다. 교부들과 중세 교회 지도자들의 이러한 발언들은 반유대주의를 불러일으키는 데 큰 영향을 주었다.

정리하면, 초기와 중세의 교회 지도자들은 성경을 바로 보지 못하는 우를 범한 것을 볼 수 있다. 그들은 구약의 예언들처럼 이스라엘이 패망할 것과 다시 부활할 것을 바로 이해하지 못했다. 이스라엘의 운명에 대한 전체적인 안목이 없었다. 그동안 이스라엘은 마치 멸망받은 것처럼 보였으나 성경을 믿는다면 그들이 다시 회복될 것을 예견해야 했었다. 그들의 반유대주의적 사상은 중세 로마 가톨릭의 입장을 극복하지 못했으며 근대 기독교 역사를 바꾸어 놓지 못했다. 이스라엘을 인정하지 못하는 것은 하나님의 경륜의 중요한 부분을 놓치는 것이다. 성경은 구원을 위한 하나님의 시간표에는 이방인의 때가 있다고 말한다. 이방인의 충만한 수가 차기까지 예루살렘은 이방인에 의해 밟히게 되었다. 이방인의 때가 차게 되면 이스라엘의 남은 시간이 다시 시작될 것이다.

현대 이스라엘 논쟁

근래에 와서 이스라엘에 대한 관심이 급증하면서 이스라엘을 어떻게 볼 것인가에 대한 성경 해석과 논쟁이 활발하게 일어나고 있다. 이는 이스라엘이 열리고 마지막 때의 교회로 변화하기 위해 바람직한 움직임이라 하겠다.

이스라엘에 대한 논쟁이 불거진 것은 개념의 정의가 불분명하기 때문이기도 하다. 성경에 등장하는 이스라엘이라는 단어의 뜻을 정리하면 다음과 같다. 첫째, 민족적이며 역사적인 이스라엘, 둘째, 이스라엘 중 남은 자(Remnant, 구원받은 이스라엘 백성), 셋째, 이방인 중 구원받아 함께 아브라함의 자녀가 된 백성 등이다. 하나님의 종말적 시간표 안에 이 세 가지가 역동적으로 작용한다. 세 가지 정체성 모두가 유지되고 독특한 역할을 감당한다. 두 번째와 세 번째의 정의에서는 큰 이견이 없다. 유독 민족적이며 역사적인 이스라엘의 역할을 두고 신학 대립이 있어 왔다.

특히 현대에 이르러 교회 안에는 이스라엘 국가를 어떻게 볼 것인가에 대해 두 개의 큰 신학 흐름이 형성되었다. 하나는 이스라엘을 상징으로 보는 "개혁주의(Reformed Theology)"인데, "칼빈주의(Calvinism)" 혹은 "언약신학 (Covenant Theology)"이라고도 불린다. 다른 하나는 이스라엘을 문자적으로 보는 "세대주의(Dispensationalism)"이다. 이 둘은 서로 만날 수 없는 평행선을 유지해 왔다. 한편 이스라엘이 국가로 회복된 이후 최근에 와서 신학에 새로운 흐름이 일어났는데, 바로 믿는 유대인 관점인 "메시아닉(Messianic Jews) 신학"이다. 메시아닉 신학 안에도 매우 다양한 조류가 있지만, 이스라엘에 대한 관점은 많은 부분이 통일되어 있다. 그리고 그들의 입장은 위의 두 진영이 해결하지 못하는 영역을 풀어 줄 수 있는 실마리를 제공해 주고 더 광범위하고 신선한 신학적 도전을 제공해 주고 있다. 이들의 핵심 내용을 살펴보자.

개혁주의(Reformed Theology) 관점

개혁주의는 종교개혁자들에게 뿌리를 둔 현 개신교의 중심 신학이라고 할 수 있다. 로마 가톨릭에서 분리될 때 칭의론과 구원론에 대한 신학적 정립은 있었으나 안타깝게도 이스라엘에 대한 신학은 바꾸지 않았다. 리처드 프래트(Richard L. Pratt Jr.)는 개혁주의 입장에서 이스라엘에 대한 이해를 다음과 같이 정리한다.

개혁주의는 구약과 신약의 연속성을 강조한다. 구약의 권위를 인정하고 수용한다. 개혁주의 신학은 이스라엘과 교회를 '분리'나 '대체'하려 하지는 않는다. 이 둘을 하나로 보는 입장인데, 이를 "통일신학(Unity Theology)"이라고 명명한다. 신약의 교회는 구약의 이스라엘과 하나이다. 이스라엘에 대한 하나님의 약속들은 폐지되지 않았고 신약 공동체 안의 유대인들과 이방인들에 대한 구원을 통해 확장되고 성취된다.

예를 들어 칼빈은 로마서 11장 26절에 나오는 '온 이스라엘'을 구약과 신약 시대의 믿는 유대인들과 믿는 이방인들의 합친 수라고 해석한다. 교회의 통일성을 강조하다 보니 민족적 이스라엘과 이방인을 나누는 일은 결코 없다. 믿는 이방인들은 항상 아브라함의 자손으로 인식된다. 그리스도를 믿음으로 아브라함의 가족 안으로 입양되었다는 것이다. 웨스트민스터 신앙고백은 이러한 것을 불가시적 교회(Invisible church)라고 설명한다.

개혁주의는 유대인 공동체에 대해서는 빚진 자의 마음을 가지고 유대인들에게 복음을 전해야 한다고 한다. 교회는 이스라엘에 대해 도덕적 우위를 주장해서는 안 되며, 그들에게서 교훈을 얻어야 한다. 구약 이스라엘의 '원 가지'에도 심판이 왔다면, '접붙임 바 된 가지'에도 심판이 올 수 있는 것이다. 개혁주의는 성경에 기록된 이스라엘의 역사를 통해 축복과 심판에 대한 교훈을 받아야 한다고는 잘 가르친다. 그렇다면 성경에 수없이 기록되어 있는 이스라엘 민족의 궁극적인 회복에 대해서는 왜 보지 못하는가?

개혁주의는 이스라엘의 독특성을 인정하지 않으면서 하나된 교회를 말하고 있는데, 그 하나된 교회란 민족적 구별을 없앤 것을 의미한다. 그러나 이스라엘은 선지자들을 통해 선포되었던 하나님 말씀의 성취를 위해 엄연히 구별된 민족으로 존재하고 있다. 차별을 위한 구별이 아니라, 그들의 부르심과 역할에 대한 하나님의 주권을 인정하는 것이다.

한편 개혁주의 입장은 지리적, 역사적인 회복을 인정하지 않기 때문에 구약에서 예언한 마지막 때의 시나리오에 대해 모호한 입장이다. 예를 들면, 다니엘의 "칠십 이레(단 9장)"를 해석할 길이 없다. 칠십 이레는 이스라엘을 중심으로 한 하나님이 계획하신 인류 역사의 시간표이다. 칠십 이레가 끝나는 날을 정해 놓았는데, 우리 주님이 다시 오시는 날이다. 현대적 이스라엘을 인정하지 않게 되면 그 날이 초림 때라고 해석할 수밖에 없다. 하지만 이방인의 충만한 수가 찼을 때, 남은 한 이레의 시계침이 돌아가게 될 것이다.

하나님은 "정한 때(An appointed time)"를 말씀하시고 그 시간을 중심으로 역사를 경영하시겠다고 하셨다. '한 이레'에 대한 이야기가 요한계시록의 내용과 일치한다. 즉 이스라엘을 인정하지 않으면 다니엘서 등 선지서가 풀리지 않고, 선지서가 풀리지 않으면 요한계시록도 풀리지 않는다. 안타까운 사실은 종교개혁자 존 칼빈이 요한계시록 주석을 하지 않았다 하여 요한계시록 연구를 주저하고 있고, 이단들이 많이 양산되었다고 하여 요한계시록의 문자적인 해석을 극히 피하는 경향이 있다. 이스라엘을 놓치면 중동 정세를 포함한 시기와 징조와 성경적 타임라인에 대하여 닫혀 있을 수밖에 없다. 이스라엘을 바로 볼 때 이러한 한계를 극복할 수 있을 것이다.

세대주의(Dispensationalism) 관점

중세 시대와 종교개혁 시대 이후까지 대체신학의 그늘 아래 갇혀 있던 교회에 도전을 주면서 나타난 이론이 바로 "세대주의 신학(Dispensationalism)"이다.

세대주의 신학은 19세기 후반, 존 넬슨 다아비(John Nelson Darby, 1800-82)가 이론을, 스코필드(Cyrus Scofield)가 주석 성경을 내면서 신학으로 정립하였다. 이것은 20세기 초반부터 미국 복음주의와 오순절 교단의 주요 신학이 되었다. 세대주의는 주장하기를, 이스라엘은 선택된 민족이고 미래의 역할을 가지고 있으며, 거기에 덧붙여 하나님의 역사가 시대에 따라 다른 방식으로 행하여진다고 한다. 그들은 인류 역사를 무죄 시대, 양심 시대, 인간통치 시대, 언약 시대, 율법 시대, 교회 시대, 환란 시대, 천년왕국 시대 등으로 나눈다.

오늘날 대체신학 추종자들 중 많은 사람들은 이스라엘의 부르심이 여전히 남아 있다고 하는 생각을 무조건 세대주의 사상으로 몰아 부쳐 비난한다. 그렇지만 이것은 잘못된 주장이다. 세대주의 신학 안에서도 여러 이견들이 있고, 비세대주의 안에서도 이스라엘의 역할을 인정하는 사람들이 있다. 세대주의는 근대 최초로 이스라엘을 신학화 한 공헌이 있다. 하지만 이스라엘이 독립(1948년)되기 이전에 생겨난 이론으로서 약점이 있었고, 근래에 이르러서는 새롭게 수정, 보완되고 있다. 그간 미국의 복음주의 교회들은 세대주의 신학 성향을 넘지 못했지만 최근에 이르러 이스라엘을 중심으로 하는 성경 해석학이 계속해서 발전하고 있다.

세대주의는 이스라엘의 독특한 역할을 인정하면서 교회와 이스라엘을 별개의 것으로 엄격하게 구분하는 점이 개혁주의와 정반대다. 그들은 하나님의 백성은 교회와 이스라엘, 둘이라고 단정 짓는다. 세대주의의 핵심은 유대인들이 다윗의 왕국을 회복하기 위해 오신 그리스도를 배척했기 때문에 이스라엘의 지상 나라는 부득불 연기되었으며, 교회는 그 사이를 메꾸기 위해 잠시 등장한 존재로 본다. 교회 시대는 하나님의 역사 중에 잠깐 삽입되는 것이다. 마지막 때 '야곱의 환란', 즉 유대인들이 대환란을 받을 때 교회는 그 전에 들림(휴거, Rapture)을 당한다고 한다.

세대주의의 한계라고 한다면 교회와 이스라엘을 완전하게 분리시킨 것과 항상 결론이 '휴거'로 끝이 난다는 점이다. 교회와 이스라엘을 분리함으로 성경 말씀이 우리와는 아무런 상관없는 것처럼 보이게 만들었다. 휴거를 지나치게 강조하다 보니 종말론을 모두 휴거 이론에 끼워 맞추어 놓은 듯한 인상을 준다. 또한 재림을 말하면서도 결국 교회가 휴거받을 것을 언급하므로 그 긴장을 풀게 만든다. 정작 구원받을 사람들이 소수라는 것과 어떻게 살아야 하는지에 대한 언급은 상대적으로 적다. 개혁주의가 종말론보다 그리스도인의 성화를 강조한다면, 세대주의는 성화보다는 종말 사건들에 더 큰 관심을 보이는 경향이 있다.

세대주의는 하나님의 역사를 시대별로 구분하였지만 사실 하나님의 성품과 사역은 시대로 나눌 수 없다. 구약의 하나님과 신약의 하나님은 같은 분이시며 한결같으시다. 구약이 율법 시대이고, 신약이 은혜 시대라면, 구약에는 은혜가 없고, 신약에는 하나님의 율법이 없다는 말인가? 이로 인한 오해가 단지 믿기만 하면 구원 얻으며, 교회는 모두 들림을 받는다는 주장으로 이어진다.

이방 교회가 세워진 것은 유대인들이 복음을 듣지 않은 것에 대한 대안이 아니라 하나님의 경륜이었다(롬 11장). 7년 환란은 오직 유대인들만을 위한 회개의 시간이 아니다. 또한 천년왕국이 환란을 통과한 유대인들만을 위한 것도 아니다. 온 세상 나라도 주님의 재림 전에 환란을 통하여 연단될 것이고 주님의 재림을 맞이하기 위한 산고를 겪을 것이다. 이방인이든 유대인이든 첫 부활에 참예한 자들이 천년왕국에서 다스리게 될 것이다.

메시아닉(Messianic Jews) 관점

최근 들어 믿는 유대인들의 공동체가 활성화되면서 그간 기독교 안의 신학적 대립과 한계를 극복하고 아우를 수 있는 새로운 대안이 제시되고 있는데 바로 "메시아닉(Messianic Jews) 신학"이다. 그들은 구원을 받은 이스라엘과 교회 사이의 정체성은 구분하면서도 운명적인 연합을 말한다. 이스라엘은 모든 시대를 통해 역사하시는 하나님의 경륜과 성품을 이해하게 해주는 통로다. 이스라엘의 넘어짐은 하나님의 실수가 아니며, 교회가 그 사이에 끼어든 것도 아니다.

소위 환란 기간 동안 교회는 사라지고 이스라엘만 남아 하나님의 목적을 위해 사용된다는 것도 가설일 뿐이다. 그리스도의 피로 말미암아 이스라엘의 남은 자가 받는 유업에 비유대인 성도들이 함께 참여하게 되었고 한 성령 안에서 아버지께 나아감을 얻게 된 것이다(엡 2:13, 18). 민족의 구분이 없어진 교회가 아니라, 그리스도 안에서 막힌 담이 헐어진 "한 새 사람(엡 2:15)"으로 연합되는 것이다.

유대인과 이방인의 구분에 대해서는 예수님과 바울 모두 '이방인의 때'가 있음을 언급한 것에서 의미를 추적해 볼 수 있다. 예수님은 "이방인의 때가 차기까지"를 말씀하셨고(눅 21:24), 바울은 "이방인들의 충만한 수가 들어오리라"(롬 11:25)고 언급했다. 복음의 완성이라는 전체 그림 안에서 유대인과 이방인의 역할이 주어져 있다. 물론 이 말은 이방인의 충만한 수가 찰 때까지 유대인들이 메시아를 전혀 받아들이지 않을 것이라는 말이 아니다. 또한 이방인의 수가 찼다고 해서 이방인들에게 복음을 전할 필요가 없다는 뜻도 아니다.

하나님의 카이로스의 시간이 차면 유대인과 이방인이 다 함께 큰 부흥을 경험하게 될 것이다. 유대인과 이방인이 함께 이스라엘을 중심으로 하는 마지막 때의 시간으로 들어가게 될 것이다. 지금 기독교 안에서는 반유대주의의 과거를 회개하고 히브리적 뿌리를 찾아가는 움직임이 활발하게 일어나고 있다. 사방에서 불어오는 생기, 즉 이스라엘을 향한 도움과 중보와 사랑이 부어지고 있다. 열방의 교회가 유대인들을 상대로 복음을 증거하고 믿는 메시아닉 공동체와 연합하는 전례 없는 일들이 일어나고 있다.

> 만군의 여호와가 이와 같이 말하노라 그 날에는 말이 다른 이방 백성 열
> 명이 유다 사람 하나의 옷자락을 잡을 것이라 곧 잡고 말하기를 하나님이
> 너희와 함께 하심을 들었나니 우리가 너희와 함께 가려 하노라 하리라 하
> 시니라(슥 8:23).

마지막 때 여호와께로 돌이킨 이스라엘은 일어나 빛을 발하게 될 것이
며(사 60:1), 그렇게 할 때 열왕과 나라는 그 빛 가운데로 나아올 것이다. 세
상 민족들이 여호와의 절기들을 기념하게 될 것이다(슥 14:16). 예루살렘 시
온은 여호와의 성이요, 이스라엘의 거룩한 이의 시온이라 불림을 받을 것
이다(사 60:14). 우리는 하나님께서 만물을 회복하실 때를 기다리고 있다(행
3:21). 이스라엘이 복음으로 새롭게 될 때 하나님을 아는 지식이 물이 바다
를 덮음같이 온 땅을 덮을 것이다(사 11:9, 60:21).

대체신학과 천년왕국

종래의 대체신학이 이스라엘과 유대인들의 위치를 부정함에 따라, 결국 성경의 예언에 대한 성경 해석에 한계를 가져오게 되었다. 이스라엘에 대한 많은 부분을 상징으로밖에 해석할 수 없었고, 단지 현재의 개인이나 교회에게 주는 말씀으로 제한해서 적용하게 되었다. 이로 인해 대표적으로 초래된 문제 중 하나가 천년왕국(Millennial Kingdom)에 대한 입장이다.

이스라엘에 대한 이해는 종말론과 마지막 때 시간표를 이해하는 결정적인 변수로 작용한다. 따라서 이스라엘을 논함에 있어서 천년왕국은 절대로 외면할 수 없는 주제가 된다. 마지막 때 지리적, 역사적 이스라엘을 인정하는 입장이면 천년왕국을 문자적으로 인정하는 것이고, 이스라엘의 존재를 부정한다면 천년왕국을 상징으로 보게 된다.

천년왕국은 요한계시록 20장에 근거해서 예수 그리스도께서 재림하셔서 천 년 동안 지상에서 통치하는 때를 의미한다. 오늘날 이것을 인정하는 이론을 '전천년설(Premillennialism)'이라고 하고, 믿는 유대인들은 이것을 '메시아의 왕국(Messianic Kingdom)'이라고도 부른다.

초대 교회는 예수님께서 재림하신 후 예루살렘을 중심으로 지상 통치를 하시는 때가 실제로 있을 것이라고 믿었다. 이스라엘의 회복과 자연스럽게 연결되는 해석이다. 하지만 지리적 이스라엘의 특수성을 인정하지 않는 대체신학은 이 천년왕국 이론을 받아들이기가 힘들었다. 이로써 초대 교회가 가지고 있던 실제적인 천년왕국(Premillennialism)에 대한 입장을 거부하게 되었다.

천년왕국에 대한 다른 관점들이 있는데 '무천년설(Amillennialism)'과 '후천년설(Postmillennialism)' 등이다. 무천년 이론은 문자적인 천 년이 없으며 따라서 천년왕국이 없다고 한다. 천국에서의 왕국이 있지만 지상에 이뤄지는 천 년 동안의 왕국이 있지는 않을 것이라고 한다. 혹은 지금 우리가 그 왕국 가운데 살고 있다고 하는데 그런 주장은 후천년주의와 통하며, 그런 주장에 의하면 우리는 현재 이미 천 년 기간 안에 살고 있다. 아니면 주님 재림 시 우리가 그 나라를 오게 하지만, 주님이 이 땅에 왕국을 세우는 그런 재림은 없다고 한다. 이스라엘에게 주신 모든 약속이 성취되는 그리스도의 왕국은 없다고 한다.

원래 주후 1세기에서 주후 3세기까지 정통 기독교회가 가지고 있던 사상은 '전천년설(Premillennialism)'이다. 초기 교회들은 그리스도의 나라가 재림 후 지상에서 펼쳐질 것이라고 믿고 가르쳤다. 그러나 일부 반유대주의 신학을 가진 교회 지도자들은 전천년설이 구약의 예언에 근거를 두었고, 예수님과 사도들과 초대 교회의 입장이었음에도 그것이 유대인들의 관점이라고 여겨 거부하였다.

주후 170년경부터 헬라 교회 지도자들 일부는 전천년설을 거부하기 시작했다. 동방 교회(혹은 정교회라고 하며 동유럽 국가들에 분포된 교회들) 안에서 강력한 반유대주의가 일어났다. 유대인을 '그리스도를 죽인 자들'이라고 부르게 되었으며, 유대인들에 대한 어떤 것에 대해서도 강하고 부정적인 편견을 갖기 시작했다. 전천년설은 수세기에 걸쳐 유대인들에게 희망을 주는 종말론이 되어 왔었다. 따라서 이 관점은 '유대적인 것'이라는 낙인이 찍히게 되었고, 심지어 동방 교회는 이를 '이단적인' 가설로 여기기까지 하였다.

한편 서방 교회(로마 바티칸 교황청의 지배를 받는 가톨릭 교회)와 라틴 교회들은 비교적 오랫동안 전천년설을 유지해 왔다. 특히 4세기까지 서방 교회는 전천년설을 정통으로 여겼다. 그러나 4세기가 지나면서 서서히 전천년설에 대해 반감을 품게 되었다. 제롬(Jerome)과 암브로스(Ambrose)같은 헬라 교회의 영향력 있는 교사들의 가르침이 서방 교회에 유입이 되었다. 초기 교회의 성경 학자이며, 로마 가톨릭 성경(Vulgate)을 번역, 생산하는 데 큰 영향을 끼친 제롬(주후 345-420년)은 전천년설을 '유대인들의 입장'이라며 그것에 대한 믿음을 조롱했다.

밀란(Milan)의 영향력 있는 감독이었던 암브로스(주후 340-397년)는 유대인들을 '이교도의 모형'으로 보았다. 그는 유대인들은 "바꿀 수 없이 비뚤어진 자들이며, 어떤 좋은 생각도 할 수 없는 자들"이라고 평했다. 또한 "유대인의 회당을 태우는 것은 죄가 아니다"라고 주장했다. 그는 어거스틴의 영적 스승이기도 했다.

어거스틴은 히포(Hippo)의 감독으로 임명되었으며 사도 바울 이후 그 누구보다도 제도화된 기독교의 미래적 방향에 큰 영향을 주었다. 어거스틴의 긍정적인 공헌이 분명히 있지만, 유대인들에 대한 그의 경멸적인 논증인 『유대인들에 대한 소논문(Tract against the Jews)』은 중세 시대에 '어거스틴주의'라고 불리며 반유대주의 운동에 큰 영향을 주었다.

어거스틴은 기독교 신앙을 가진 초기에는 초대 교회의 전천년설의 입장을 취했다. 하지만 제롬과 암브로스의 반유대적 영향으로 전천년설을 부정하게 되었다. 한편으로는 그리스 철학 또한 어거스틴이 전천년설을 포기하도록 영향을 끼쳤다. 어거스틴은 그리스 철학에 의해 육체적인 것과 물질적인 것은 모두 악한 것이며 영적인 것은 모두 선한 것이라고 생각하게 되었다. 이 철학 사상은 어거스틴이 회심한 이후에도 계속 영향을 주었다.

그것은 어거스틴의 천년왕국에 대한 이해에도 영향을 주었는데, 실제적인 천년왕국을 믿지 않고 예수님이 초림 이후 영적인 천 년의 기간이 시작되었으며, 하나님의 나라가 이미 임한 것으로 보았다. 이미 성도 개개인은 하나님과의 신비적인 연합으로 인해 기쁨을 누리고 있다고 보았다. 그는 성경에서 천년왕국을 암시하는 성경 구절에 대해서 상징적인 해석법(Allegorical method)을 사용했다. 예를 들어, 요한계시록 20장에서 천년왕국에 들어가기 위한 첫 부활을 미래가 아니라 현재적인 사건으로 해석했다. 곧 예수를 믿고 영적으로 거듭난 것을 첫 부활이라 했다.

전천년설을 부정하면서 어거스틴은 새로운 종말론을 발전시켰다. 이름하여 '무천년설(Amillennialism)'이다. 무천년설은 실제적인 천년왕국이 없다는 것이다. 무천년설은 지구 역사의 마지막인 천 년간 예수님이 지상에서 하나님의 통치를 수행하실 것이라는 사실을 부인한다. 어거스틴은 이스라엘을 대입하지 않고서는 풀 수 없는 다니엘 2장과 7장 그리고 요한계시록 20장을 가지고 반대로 교회가 하나님의 나라라고 재해석했다.

『하나님의 도성(The City of God)』에서 그는 최초로 조직화된 우주적인 교회(Organized Catholic-Universal Church)가 그리스도가 다스리는 나라(Messianic Kingdom)라고 언급했다. 그는 천 년이 그리스도의 초림 때부터 시작되었다고 생각했다. "지금은 교회가 그리스도의 나라이며 하나님의 나라다. 따라서 성도들은 그와 함께 다스리고 있다." 그에 따르면 현재의 역사는 그리스도가 재림하실 때 끝나게 될 것이고, 영원한 세계가 시작될 것이다. 천년왕국에 대한 어거스틴의 상징, 비유적 해석은 당시 교회의 공식 입장이 되었으며 전천년설은 땅에 묻히게 되었다.

따라서 대체신학은 원래 초대 교회 때의 종말론을 거부함과 동시에 무천년설을 발전시키는 데 주된 역할을 했다. 그 이후 중세 시대를 걸쳐 로마 가톨릭 교회가 대체신학과 어거스틴의 무천년설을 수용하고 옹호하게 되었다.

어거스틴의 사상인 하나님의 나라가 지금 이 땅 가운데 임했다는 믿음은 지배자들, 이방인들, 유대인들을 포함한 모든 사람들에게 신앙과 정책을 강요할 수 있는 명분을 제공했다. 그 결과로 서유럽에서는 왕들과 통치자들이 세워지고, 그들을 통해 다스리고, 제거하고, 위협할 수 있는 강력한 종교와 정치 제도가 발전되었다. 이러한 힘은 로마 가톨릭으로 하여금 여러 세기 동안 유대인들을 박해할 수 있는 구실을 제공하였다.

한편 16세기의 종교개혁주의자들은 믿음에 의한 칭의 등으로 로마 가톨릭에 반대하고 나왔지만 종말론은 수정하지 않았다. 여전히 전천년설은 유대인들의 입장이라고 하여 거부했다. 그들 또한 어거스틴 때부터 가톨릭 교회에 기초가 된 무천년설을 유지했다. 그 결과로 로마 가톨릭 교회처럼 그들도 신앙과 정책을 모든 이들에게 강제할 수 있다고 믿었다. 천년왕국의 입장에 따라서 구약과 신약의 종말론 해석이 판가름난다.

무천년설의 난제들

무천년설의 관점은 다음과 같은 모순과 난제들을 가지고 있다.

첫째, 천년왕국을 비유와 상징으로 보는 것은 요한계시록 20장에 6번이나 등장하는 '천 년'을 무시한다. 천년왕국과 21장에 나오는 새 하늘과 새 땅인 천국을 구분하지 않는다. 20장과 21장을 같은 것으로 보기 때문에 파생하는 모순들에 대해 아무런 답을 주지 못한다.

둘째, 마귀를 무저갱에 던져 잠그고 그 위에 인봉하여 천 년이 차도록 다시는 만국을 미혹하지 못하게 결박할 것이라고 했는데(계 20장), 이 시대를 천년왕국이라고 보기에는 너무나 죄악이 많고 어두운 세상이다. 오히려 예수님과 선지자들과 사도들은 재림 전에 세상은 더욱 타락하고 수많은 미혹과 거짓과 핍박과 환란으로 인해 산고(Birth pain)가 더해질 것이라고 말씀하셨다(사 60장; 마 24장; 살후 2장).

셋째, 지금이 천년왕국이라면 첫째 부활에 참여한 자가 다스린다는 말을 이해할 수 없다. 이 시대는 오히려 의인들이 고난을 당할 것이며, 자기 십자가를 지고 천국의 좁은 길로 가야 한다고 하셨다. 또한 나머지 죽은 자들은 천 년이 차기까지 살지 못한다는 말도 해석할 수 없다(계 20:5-6).

넷째, 현재가 천년왕국이라면 천 년이 찬 후 사탄이 그 옥에서 잠시 놓여 성도들의 진과 사랑하시는 성(예루살렘)을 포위하여 다시 싸우려 한다는 말씀을 해석할 수 없다. 왜냐하면 역사 이래로 이스라엘은 항상 대적의 지배 아래 있었기 때문이다(계 20:7-10).

다섯째, 대체신학은 천년왕국뿐 아니라 요한계시록의 다른 내용들도 상징적으로 보지 않을 수 없게 만들었다. 이 예언의 말씀은 예수 그리스도의 계시이며 그것을 읽는 자와 듣는 자들과 그 가운데 기록한 것을 지키는 자들이 복이 있다고 했는데(계 1:3), 요한계시록에 대한 접근조차 어렵게 만드는 오류가 발생한 것이다. 대체신학은 계시의 말씀들을 여전히 봉함된 책으로 만들어 버렸다.

여섯째, 이스라엘의 독특한 소명과 위치가 없어졌다고 믿을 때 종말론적 성경 해석에 치명적인 한계가 발생한다. 이스라엘, 144,000명, 두 증인, 새 하늘과 새 땅과 같은 말씀을 자의적으로 해석하여 이단 사설과 같은 수많은 문제를 낳은 기초가 되었다. 특히 요한계시록 7장에서 성경은 144,000명이 분명히 '이스라엘 각 지파 사람들'이라고 했음에도 많은 학자들은 요한이 말한 사람들은 '이스라엘 사람들이 아니다'라는 반대의 결론을 내린다. 따라서 이단들의 그릇된 적용을 보고도 지적할 수 있는 기준을 스스로 없애 버렸다.

일곱째, 대체신학은 이스라엘을 중심으로 하는 미래적 예언을 풀지 못하게 한다. 구약(타나크)에는 천년왕국을 묘사하는 내용이 많으며 아직 성취되지 않은 많은 예언들이 있다. 실제로 요한계시록은 구약성경을 가장 많이 인용하는 성경 중 하나로 구약의 배경 없이는 정확하게 해석할 수 없다. 이스라엘을 인정하지 않으면 그 모든 예언의 해석에 큰 제한이 생긴다. 이스라엘이 열리지 않으면 모두 과거적인 해석만 하게 되고 이스라엘과 인류의 미래적인 말씀들을 알 수가 없으며 시기를 분별할 수 없게 된다.

세계적인 강해 설교자로 알려진 존 맥아더(John MacArthur) 목사는 이스라엘 회복의 근거를 분명히 제시하고 있다. 그는 대체신학과 무천년설을 하나로 묶어 그 오류를 정확하게 지적하고 있다. 다음은 그의 설교의 일부를 그대로 인용한 것이다.

"무천년주의자들은 역설적이게도 가진 사람들, 개혁신학을 추종하는 사람들 중에 가장 많다. 개혁신학이라고 함은 전적인 하나님의 주권을 믿고 성도의 선택됨을 믿는 신학이다. 하나님께서는 누가 구원받을 것인지를 선택하시며 하나님의 전적인 능력으로 그 약속을 지킨다는 것이다. 그러나 매우 이상하게도 이들은 하나님의 선택을 믿으며 선택의 교리를 강조하면서도 하나님께서 선택한 이스라엘에게 한 약속을 지킬 것이라는 사실은 믿지 않는다.

성경의 예언적 말씀을 정확하게 그리고 관심과 특수성을 가지고 해석할 수 있는 사람들은 성경을 문자적으로 해석하는 사람들이다. 그런 사람들은 결국 전천년주의자가 된다. 성경을 문자 그대로 받아들이지 않으면 모든 정확성은 사라져 버린다. 예언적 말씀을 정밀성과 구체성을 가지고 연구하는 모든 사람들은 전천년주의자다. 이런 것을 거부하는 사람들은 무천년주의자 혹은 후천년주의자로 불리는데, 그런 사람들은 예언적 말씀을 구체적으로 다룰 수 없다. 만약에 성경에 이스라엘이라는 말이 나오는데 그 단어가 말 그대로 이스라엘이 아니라면 무엇을 지칭하는 것이 되는가? 그래서 무천년주의자들은 종말론에 무관심할 수밖에 없다.

다음 질문에 답을 해 보라. 전천년설과 도래할 하나님의 나라와 이스라엘의 미래에 대해 부정적인 측면에서, 즉 무천년주의 입장에 대해서 질문으로 접근해 보겠다. 이런 접근은 진리를 드러내 주고 오류는 파괴한다.

첫째, 구약은 무천년 교리를 지지하는가?

둘째, 예수님 당시, 유대인들은 무천년 교리를 믿었는가?

셋째, 예수님은 무천년 교리를 말씀하셨는가?

넷째, 구약의 선지자들은 무천년주의자들인가?

다섯째, 초대교회 신학자들은 무천년주의자들인가?

이제 중요한 결론을 내려보자. 만일 우리가 무천년 교리를 수용해서 미래 이스라엘에게 하나님이 주신 약속이 성취될 하나님 나라가 없으며, 그런 약속들은 이미 영적으로 교회 안에서 이루어졌거나 하늘에서 이루어졌다는 것을 믿으려면, 성경 어딘가에서 누군가는 그런 사실을 확인해 주어야 한다. 구약의 저자 중에 한 명이거나 예수 그리스도 당시 유대인들이나 예수님 자신이 또는 선지자들이나 신약의 사도들 혹은 초대교회의 신학자들 중 누군가는 이런 신학을 성경말씀을 들어서 말했어야 했다.

구약이 무천년주의를 지지하는가? 구약의 저자들이 하나님 나라에 대해 말할 때 무천년을 지지했을까라는 점은, 이런 의견을 내는 것 자체가 이상할 만큼 근거가 없다.

이제 개신교가 대체 사상을 버리고 참 감람나무에 접붙여진 교회로서 이스라엘의 진액을 받아들이고 원형을 회복할 때 열방은 물론이고 온 이스라엘이 메시아를 대망하는 드라마의 절정이 연출될 것이다.

Israel and
Replacement Theology

이스라엘의 미래를 바라본 학자들

초대 교부 때부터 싹이 튼 반이스라엘 사상은 중세 가톨릭 신학의 기초가 되었다. 대부분 이스라엘이 심판 받았다고 주장했으나 몇몇 학자들은 이스라엘에 대한 이중적 운명, 즉 미래적 회복이 남아 있는 것으로 내다보았다. 그리고 20세기 초에 와서 이스라엘 국가의 회복을 목격하고 있는 현대의 많은 학자들이 이스라엘의 긍정적인 미래를 바라보고 있다.

중세 기독교의 대표적 신학자인 토마스 아퀴나스(Thomas Aquinas)는 로마서 11장을 바탕으로 미래에 이스라엘이 회심할 것을 믿었다.

종교개혁자 존 칼빈(John Calvin)은 미래에 전할 유대인들의 특별한 위치를 인정했다. 특히 『이사야 주석』에서 그는 유대인들이 완고함 때문에 버림받았다고 결론을 내릴 수 있을지라도 그들을 향한 하나님의 은사와 부르심에는 후회가 없음으로 여전히 소망이 있다고 믿었다. 조상들을 택하시고 직접 언약을 세우신 유대인들을 포함하지 않는다면 그리스도께서 세상의 구속자가 될 수 없다고 생각했다. 『로마서 주석』에서는 다음과 같이 썼다.

이방인들이 영입될 때, 유대인들도 돌아올 것이다.… 그리고 그렇게 될 때에, 하나님의 온 이스라엘이 완성될 것이다. 그것은 양쪽에서 모여야 하는 것이지만, 유대인들은 첫번째 자리를 차지하는 식으로 하나님의 가족에서 장자처럼 되는 것으로서이다.

존 칼빈 이후 성경을 해석하는 데 있어서 다소의 변화가 생기기 시작했다. 문맥을 살펴 자연스럽고도 직설적인 방법으로 해석하는 사람들이 많아졌다. 특히 청교도 해석가들은 하나님의 선민으로서의 이스라엘 민족의 긍정적인 미래에 대한 책이나 기사들을 내놓기 시작했다.

17세기에 하버드대학의 학장을 지낸 잉크리스 매더(Increase Mather)는 로마서 9장에서 11장까지의 내용에 대한 책을 한 권 썼다. 같은 시기에 로마서 주석을 쓴 엘나단 파(Elnathan Parr)는 하나님은 유대인들을 돌보시고 그들을 사랑의 가슴에 모으시려 한다고 기록했다. 스펄전이 극찬했던 스코틀랜드의 해석학자 사무엘 루더포드(Samuel Rutherford)도 유대 민족을 위한 강력한 변호의 글들을 썼다.

영국의 위대한 시인이며 청교도 신학자인 존 밀턴(John Milton)은 『회복된 낙원(*Paradise Regained*)』에서, 18세기 영국 신학자였던 요셉 버틀러(Joseph Butler)는 변증서 『종교의 유추(*The Analogy of Religion*)』에서 각각 유대인의 이스라엘 본토 귀환에 대한 내용을 썼다. 하나님께서 유대 민족을 보존하셔서 본토로 돌아오게 하는 것이야말로 성경의 진리를 입증하는 것 중의 하나임을 역설하였다.

18세기 미국에서 가장 유명하고 영향력 있던 영적 지도자라면 조나단 에드워즈(Jonathan Edwards)를 들 수 있다. 미국 대각성을 일으켰고 프린스턴 대학 학장이었으며 칼빈주의자인 그는 『요한계시록에 관한 글들(*Apocalyptic*

Writings)』에서 이스라엘의 미래를 정확히 내다보았다. 그는 다가오는 그리스도의 천년왕국의 중심으로서 가나안 땅의 위치를 언급했다. 약속의 땅이 성취되기 위해서는 유대인들의 고토 귀환은 필수불가결한 것이라고 생각했다. 그는 하나님께서 자신의 은혜와 능력을 보이기 위해 유대인들을 "보이는 기념물(A visible monument)"로 만드셨다고 보았다. 이스라엘은 다시 장래에 특별한 나라가 될 것이라고 믿었다.

19세기 영국의 위대한 복음 전도자요 설교자인 챨스 스펄전(Charles Haddon Spurgeon)은 다음과 같이 말했다.

> 나는 우리가 유대인들의 회복에 대한 중요성을 충분히 인식하지 못하고 있다고 생각한다. 우리가 충분히 상고해 보지 않는다고 할지라도 확실한 것은 성경에 약속된 것이 있다면, 바로 이것이다.

20세기에 들어 선교사이자 웨일즈 성경학교 교사였던 리즈 하월즈(Rees Howells)는 이스라엘의 회복을 위해 오랫동안 기도한 유명한 중보자였다.

최근에 들어 와서, 화란 캄펜신학교의 신약학 교수였던 헤르만 리더보스(Herman Ridderbos) 박사는 개혁주의 신학자로서 이스라엘의 민족적인 운명을 내다보았다. 그는 하나님과 이스라엘의 역사적인 관계성은 지속적으로 실제적인 중요성을 가지고 있다고 언급했다. 현재 이방의 교회가 이스라엘의 특권과 축복을 받아 누리고 있지만, 동시에 하나님의 역사적인 백성으로서의 이스라엘은 하나님의 구속의 경륜 안에서 여전히 그 역할을 감당하고 있다고 보았다.

프린스턴과 웨스트민스터신학교 교수이자 개혁주의 신학자였던 존 머레이(John Murray)는, 로마서 11장은 이사야 59장과 예레미야 31장의 말씀을 인용한 것으로, "바울이 이러한 구약의 말씀이 이스라엘의 회복에 적용된다고 생각했던 것은 의심의 여지가 없다."고 말했다. "조상들로 말미암아 나오는 언약적 보증은 미래에 있을 이스라엘의 회복을 공인하는 효과를 지닌다."고 설명했다.

풀러신학교 교수였던 조지 래드(George Ladd)는 신약성경은 분명하게 국가적인 이스라엘의 회복을 선언하고 있다고 믿었다. 로마서 11장을 근거로 모든 이스라엘이 구원을 받을 것이며, 이는 문자적인 이스라엘이라고 결론지을 수밖에 없다고 강조했다. 이스라엘은 온 세상을 구원하기 위해 하나님이 선택하신 도구이다. 이것이 아브라함에게 주어진 약속의 핵심이었다(창 12:1-3, 17:6). 유대인들이 배제된 채 교회 시대로 끝나는 것이 아니라, 반드시 두 가지 사건인 이스라엘의 충만한 수가 들어오고, 이스라엘이 구원 받음으로써 더 큰 부요가 이방인들에게 주어질 것이라고 믿었다.

현대 신학계를 대표하는 사람 중에 하나인 밀라드 에릭슨(Millard J. Erickson)은 미래에 이스라엘 국가의 독특성이 나타날 것이며 여전히 특별한 하나님의 백성이라고 믿었다.

대표적인 개혁주의 조직신학자 웨인 그루뎀(Wayne Grudem)은 신약의 여러 구절에서 교회가 새로운 이스라엘로 이해되지만, 하나님의 계획 안에 유대인들의 특별한 미래적 부르심이 있음을 내다보았다. 또한 로마서 9-11장을 바탕으로 장차 유대인들 가운데 큰 규모의 회심이 있을 것에 대해 확신했다.

세계신약학회장이었으며 『로마서 주석(Word Bible Commentary)』을 쓴 제임스 던(James Dunn)은 누구보다 강력하게 이스라엘의 정체성과 부르심을 인정한다.

이스라엘은 여전히 하나님의 경륜 속에서 그 이전의 지위를 보유하고 있다. 바울이 로마서에서 사용하는 '온 이스라엘'이라는 단어는 새로운 개념이 아니라, 전체적인 이스라엘을 나타내는 일반적인 관용구다. 역사적 이스라엘은 여전히 이스라엘이다. 그들은 현재도 이스라엘 사람들이다. 하나님에 의해 오래 전에 심겨진 감람나무인 이스라엘을 제외한다면 기독교는 그 가지로서의 자신을 이해할 수 없다.

그것은 하나님의 부르심과 택하심에 의해 이해될 수 있다고 역설한다. 그는 다음과 같이 강조한다.

> 바울을, 역사적 이스라엘이 세워질 때의 약속(열방에 대한 축복)과 역사적 이스라엘의 예언적 사명(열방에 대한 빛으로서), 이 양자를 적절하게 대변하는 자로 인정할 수 있고, 또한 이방인들이 하나님의 백성과 더불어 기뻐하고 모든 백성이 그를 찬송하리라는 소망(롬 11:26, 15:10-11)을 인정할 수 있다면 기독교 신학은 혁명적으로 바뀌게 될 것이다.

고든콘웰신학교 명예 총장이며 세계구약학회장을 지낸 월터 카이저 박사(Walter C. Kaiser)는 민족적 이스라엘의 소명을 인정하는 대표적인 학자이다. 그는 "사도 바울이 이스라엘에 대해 새로운 정의를 제안하지 않았고, 그에게 이스라엘은 하나뿐이다. 민족적이고 실증적인 역사상의 이스라엘과, 종말론적 이스라엘을 분리시키거나 나누어서는 안된다."고 강조한다. "이방인의 구원과 이스라엘의 구원"은 밀접하게 연관되어 있으며, 이는 한 몸에 붙은 두 개의 팔이며, 동일한 하나님의 목적이자 계획이라고 설명한다. "어떠한 경우에도 성경 기자들이 새로운 신자들을 '새 이스라엘'이라고 하거나 하나의 국가로서 이스라엘과 동일시하지는 않았다."고 단언한다.

또한 카이저 박사는 만일 교회가 하나님의 계획의 일부인 실체적인 이스라엘을 부정한다면, 이스라엘 안에서 그리고 이스라엘을 통해서 주어진 하나님의 계획에 대한 선행 역사와의 연결성이 없는 허망한 상태가 되어 버리며, 유대인들에 대한 선교적이고 복음적인 전략까지 상실해 버린다고 했다. "첫째는 유대인이고 그리고 이방인"이다. 그 이후에 하나님 나라의 완성이 있다. 우리가 이스라엘의 역할을 바로 이해할 때, 하나님의 위대하신 이름과 우리를 부르신 주님의 완전성을 발견하게 될 것이다.

대체신학에 대한 논쟁 구절들

신구약성경에 등장하는 이스라엘 관련 구절들에 대한 해석은 유감스럽게도 동시대의 사상과 신학의 틀에 의해 영향을 받아 왔다. 구약과 신약이 단절되었다고 믿거나 대체신학을 옹호하는 사람들은 구약의 이스라엘과 신약의 이스라엘을 분리하려고 한다. 그들은 구약의 이스라엘을 신약에서 다루기를 꺼려한다. 이스라엘의 역사는 구약과 함께 끝난 것처럼 생각한다. 이스라엘에 대한 수많은 예언은 그리스도의 초림으로 끝난 것으로 간주한다. 그래서 언제나 이스라엘의 역사는 과거적인 해석에서 멈춘다. 이상하게도 기존의 대부분의 구약 연구 서적들은 결론부에 가서는 교회를 등장시키면서 이스라엘의 자취를 감추어 버린다. 이스라엘에 관한 그 수많은 구약의 약속들을 어떻게 해석한 것인가?

대체신학에서는 구약을 가지고 논의하지 않는다. 왜냐하면 구약은 전체가 이스라엘 중심으로 말하고 있기 때문이다. 그들은 신약성경이 대체 사상을 지지할 것이라고 믿는다. 다음 구절들은 지금까지 반유대주의나 대체신학을 지지하는 근거가 되어 왔다. 과연 본문의 정황과 핵심이 무엇인지 구체적으로 살펴보자.

사복음서

특히 사복음서에서 주님이 이스라엘의 운명에 대해 종결을 고했을 것이라고 생각하고 접근한다. 다음과 같은 구절들에서 보듯이 예수님은 혈통적 이스라엘을 공격하는 발언을 공공연히 하셨다. 그러나 이것이 과연 이스라엘의 소명이 취소될 것이라고 예언하신 것인가?

속으로 아브라함이 우리 조상이라고 생각하지 말라 내가 너희에게 이르노니 하나님이 능히 이 돌들로도 아브라함의 자손이 되게 하시리라(마 3:9).

또 너희에게 이르노니 동 서로부터 많은 사람이 이르러 아브라함과 이삭과 야곱과 함께 천국에 앉으려니와 그 나라의 본 자손들은 바깥 어두운 데 쫓겨나 거기서 울며 이를 갈게 되리라(마 8:11-12).

그러므로 내가 너희에게 이르노니 하나님의 나라를 너희는 빼앗기고 그 나라의 열매 맺는 백성이 받으리라(마 21:43).

이 구절들은 지금까지 유대인들은 완전히 버림받았다고 많은 사람들을 오해하게 만들었다. 그러나 위의 말씀들을 가지고 하나님이 이스라엘 민족을 버렸다고 보는 것은 정황을 전혀 고려하지 않은 성급한 판단이다.

첫째, 예수님 스스로가 유대인으로서 유대 민족에게 주신 말씀을 성취하러 오신 분이 무슨 이유로 자신의 민족이 완전히 망할 것이라고 예언하셨겠는가?

둘째, 상식적으로 보더라도 이스라엘의 운명에 대한 수천 구절들을 제쳐 두고 이 말씀 몇 구절로 이스라엘의 운명을 논하는 것은 무리다.

셋째, 메시아를 거부하는 일부 종교인들을 향해 질타한 말을 가지고 이스라엘 민족이 버림받았다고 추론하는 것은 논리의 비약이다. 위의 책망의 말이 이방인으로 새로운 이스라엘 자손을 만들고 모든 유대인들은 바깥 어두운 곳에 버리겠다고 하는 의미인가? 예수님은 지금 이스라엘을 향한 모든 약속의 말씀을 취소하는 예언을 하고 계시는가? 결코 아니다.

전후 문맥을 보면 간단히 해답을 얻을 수 있다. 이 구절은 메시아를 영접하지 않는 바리새인을 향해 꾸짖을 때에 한 말씀이다. 하나님은 돌들로도 아브라함의 자손이 되게 하실 수 있다고 했다. 이 말씀에서 '너희'는 누구인가? 상식적으로 보더라도 유대 민족 전체가 아니라 예수님을 메시아로 받아들이기를 원치 않는 마음이 강퍅한 종교 지도자들이 아닌가? 당시 일부 바리새인, 서기관, 제사장들은 외식하며 율법의 본질을 알지 못하고 오히려 불의와 불법을 행하면서 예수님을 메시아로 인정하지 않는 자들이었다. 예수님은 그들의 그러한 모습을 꾸짖으셨던 것이다. 마태복음 23장에 나오는 '외식하는 자들'의 모습과 그들에 대한 책망의 말씀들을 보라.

이스라엘 민족이 버림받은 것이 아니라, 메시아를 영접하지 않은 사람들은 유대인이나 이방인이나 할 것 없이 버림받게 된다. 하나님은 메시아를 받아들이는 모든 사람에게 구원의 자리를 내어 주실 것이다. 예수님을 하나님의 아들로 인정하고 영접한 많은 유대인들과 종교 지도자들은 책망받지도, 버림받지도 않았다. 이스라엘 사람들 중 어떤 사람들은 불신으로 바깥 어두운 데 쫓겨나 멸망을 받았으나 메시아를 믿는 '남은 자들'은 구원받았다. 이방인들 가운데서도 수많은 사람들이 믿음으로 아브라함의 자손이 되었다.

사도행전

사도행전에 다음과 같은 장면이 나온다.

> 바울과 바나바가 담대히 말하여 이르되 하나님의 말씀을 마땅히 먼저 너희에게 전할 것이로되 너희가 그것을 버리고 영생을 얻기에 합당하지 않은 자로 자처하기로 우리가 이방인에게로 향하노라(행 13:46).

위와 같은 구절을 두고 대체신학은 다음과 같이 해석한다. 바울이 복음을 전할 때 이스라엘은 스스로 구원을 거부하였으므로 그는 유대인을 대상으로 하는 복음 전파를 포기하고 이방인에게로 발걸음을 돌리게 되었다. 이스라엘은 구원과 영생의 약속과 축복에서 끊어지고, 이방인의 믿는 자들은 그것을 얻을 것을 말씀하고 있다.

위의 구절이 과연 유대인 전체가 복음을 거절한 것을 말하고 있다고 생각한다면 본문 전후를 전혀 살펴보지 않고 하는 말이다. 우선 사도행전 13장 43절에는 유대인(과 유대교에 입교한 경건한 사람들)이 많이 바울과 바나바를 좇았다고 나온다. 14장 1절에도 이고니온에서 유대 회당에서 말할 때, 유대와 헬라의 허다한 무리(A great number of Jews and Gentiles)가 믿었다고 나온다. 계속적으로 바울을 따르는 믿는 유대인들이 있었다.

바울은 유대인과 이스라엘을 버리고 이방인에게로 간 것이 아니다. 오히려 동족 유대인을 구원하고자 이방인의 사도가 된 것이다(롬 9장). 사도행전 13장 50절에 나오는 바울 일행을 핍박한 유대인은 14장 2절의 "순종치 아니하는 유대인들(The Jews who refused to believe)"이었다. 게다가 불신 유대인들만 바울과 바나바를 핍박한 것이 아니다. 바로 아래 14장 5절을 보면 "이방인과 유대인과 그 관원들", 즉 이방인들도 핍박에 가담하였음을 알 수 있다.

대체신학은 이스라엘이 2,000년간 예수를 메시아로 받아들이지 않고 줄곧 배척해 왔으며, 따라서 복음을 받아들이기는 고사하고 오히려 핍박을 일삼았다고 생각한다. 반면 이방인의 교회는 많은 사람이 영생으로 나아갔으며 온 세상에 복음을 전했다고 하는데 이것은 어디까지나 편견일 따름이다. 바울 일행을 핍박한 믿지 않는 유대인들의 태도가 이스라엘 전체를 대표하는 것이 아니며, 그들 외에 항상 신실한 믿음의 유대인들도 동시에 존재했다. 그리고 이방인들 가운데서도 수많은 핍박자들이 있어서 순교의 역사는 계속 되어 왔다.

로마서

다음으로 바울이 로마서에 기록한 아래 구절이 이스라엘 대신에 이방 교회가 택함을 받았다는 근거 구절로 자주 쓰인다.

> 호세아의 글에도 이르기를 내가 내 백성 아닌 자를 내 백성이라, 사랑하지 아니한 자를 사랑한 자라 부르리라 너희는 내 백성이 아니라 한 그 곳에서 그들이 살아 계신 하나님의 아들이라 일컬음을 받으리라 함과 같으니라

(롬 9:25-26).

기존의 해석은 사도 바울이 전하던 복음이 유대인에게서 거절당하자, 복음을 이방인에게로 전파하기로 하면서 위의 구절을 사용했다고 한다. 그런데 그와는 정반대로 본문 로마서 9장은 "하나님이 이스라엘을 택하였다"가 주제이다. 그 내용을 지지하려고 호세아의 말씀을 가지고 온 것이다. 바울은 하나님이 주권적으로 형 에서가 아니라 야곱을 택하여서 이스라엘로 부르셨으며, 그 자손들 중 믿음의 씨를 남겨 두셔서 소돔과 고모라와 같이 되지 않게 하셨다는 말을 하고 있다(롬 9:27-29).

위의 말씀을 인용한 호세아를 찾아가 보면 뜻이 명확해진다. 그 본문은 다음과 같다.

> 내가 나를 위하여 그를 이 땅에 심고 긍휼히 여김을 받지 못하였던 자를 긍휼히 여기며 내 백성 아니었던 자에게 향하여 이르기를 너는 내 백성이라 하리니 그들은 이르기를 주는 내 하나님이시라 하리라 하시니라 (호 2:23).

23절의 정확한 의미는 이스라엘 백성에게 주어졌던 이름, '로암미(לאﬠﬦ﬩)'를 보면 알 수 있다. 로암미에서 '암미(ﬠﬦ﬩)'는 백성이라는 뜻이고, '로(אﬥ)'는 '아니다'라는 뜻이다. 즉 로암미는 "너희는 내 백성이 아니라"는 말이다(호 1:9). 하나님은 이스라엘에게 행음한 고멜과 같아서 더 이상 내 백성이 아니라고 책망을 하였다. 이것만 보면 하나님이 이스라엘을 버린 것처럼 보인다. 하지만 호세아는 하나님께서 이스라엘 민족을 다시 부르시고 그에게 영원한 남편이 되실 것을 말씀하신다.

위의 구절을 자세히 보면 "그를 이 땅에 심고"에서 '그'가 누구인지 혼동이 되어 마치 그것이 '이방인'을 뜻하는 줄로 오해하게 만들었다. 그러나 여기 나온 그가 누구인가? 이방인을 말한 것이 아니다. 호세아의 원래 구절의 앞뒤를 살펴보자.

> 그가 귀고리와 패물로 장식하고 그가 사랑하는 자를 따라가서 나를 잊어버리고 향을 살라 바알들을 섬긴 시일대로 내가 그에게 벌을 주리라 여호와의 말씀이니라(호 2:13).

이 부분은 분명하게 '그'는 타락하여 우상을 섬기는 '이스라엘' 혹은 '유대 민족'을 지칭한다. 또 한국어 성경은 '그'로 남성 대명사를 사용하였으나 영어 성경은 전부 'She' 혹은 'her' 즉 여성 대명사로 받는다. 국가는 여성격으로 사용되기에 이스라엘 민족임이 더욱 명확해진다.

바울이 인용한 호세아의 본문은 이스라엘을 버렸다는 내용이 아니라 오히려 다시 부르고 회복하시겠다는 구절이다. 그런 회복의 자리에 이방인들도 초대하시겠다는 의미로 사용한 것이다. 14절부터 23절까지를 새번역으로 보면 다음과 같다.

> "그러므로 이제 내가 그를 꾀어서, 빈 들로 데리고 가겠다. 거기에서 내가 그를 다정한 말로 달래 주겠다. 그런 다음에, 내가 거기에서 포도원을 그에게 되돌려 주고, 아골 평원이 희망의 문이 되게 하면, 그는 젊을 때처럼, 이집트 땅에서 올라올 때처럼, 거기에서 나를 기쁘게 대할 것이다. 그 날에 너는 나를 '나의 남편'이라고 부르고, 다시는 '나의 주인'이라고 부르지 않을 것이다. 나 주의 말이다. 그때에 나는 그의 입에서 바알 신들의 이름

을 모두 없애고, 바알 신들의 이름을 부르는 자들이 다시는 없도록 하겠다. 그 날에는 내가 이스라엘 백성을 생각하고, 들짐승과 공중의 새와 땅의 벌레와 언약을 맺고, 활과 칼을 꺾어버리며 땅에서 전쟁을 없애어, 이스라엘 백성이 마음 놓고 살 수 있게 하겠다. 그때에 내가 너를 영원히 아내로 맞아들이고, 너에게 정의와 공평으로 대하고, 너에게 변함없는 사랑과 긍휼을 보여 주고, 너를 아내로 삼겠다. 내가 너에게 성실한 마음으로 너와 결혼하겠다. 그러면 너는 나 주를 바로 알 것이다. 그 날에 내가 응답할 것이다. 나 주의 말이다. 나는 하늘에 응답하고, 하늘은 땅에 응답하고, 땅은 곡식과 포도주와 올리브 기름에 응답하고, 이 먹거리들은 이스르엘에 응답할 것이다. 그때에 내가 이스라엘을 이 땅에 심어서 나의 백성으로 키우고, 로루하마를 사랑하여 루하마가 되게 할 것이다. 로암미에게 '이제 너는 암미다!' 하고 내가 말하면, 그가 나에게 '주님은 나의 하나님이십니다!' 하고 대답할 것이다."(새번역, 호 2:14-23)

이렇게 쉽게 풀어서 보면 이스라엘의 회복에 대한 말씀임이 명확해진다. 이것이 이스라엘에 대한 하나님의 마음이다. 한걸음 더 나아가 바울은 이 구절을 처음부터 선민, 즉 내 백성이 아니던 이방인들에게로 확장을 시키고 있다. 호세아의 대단원인 14장은 극적인 이스라엘의 회복이라는 결론으로 마무리된다.

내가 그들의 반역을 고치고 기쁘게 그들을 사랑하리니 나의 진노가 그에게서 떠났음이니라 내가 이스라엘에게 이슬과 같으리니 그가 백합화 같이 피겠고 레바논 백향목 같이 뿌리가 박힐 것이라 그의 가지는 퍼지며 그의 아름다움은 감람나무와 같고 그의 향기는 레바논 백향목 같으리니 그 그

늘 아래에 거주하는 자가 돌아올지라 그들은 곡식 같이 풍성할 것이며 포도나무 같이 꽃이 필 것이며 그 향기는 레바논의 포도주 같이 되리라 에브라임의 말이 내가 다시 우상과 무슨 상관이 있으리요 할지라 내가 그를 돌아보아 대답하기를 나는 푸른 잣나무 같으니 네가 나로 말미암아 열매를 얻으리라 하리라 누가 지혜가 있어 이런 일을 깨달으며 누가 총명이 있어 이런 일을 알겠느냐 여호와의 도는 정직하니 의인은 그 길로 다니거니와 그러나 죄인은 그 길에 걸려 넘어지리라(호 14:4-9)

14장 4절에 나온 "그들의 반역을 고치고(I will heal their waywardness)"라는 구절의 '그'야말로 이스라엘을 지칭한다. 이방인들은 처음부터 하나님께 속하였던 족속이 아니었기 때문에 '반역'에 해당되지 않는다. 반역하고 후에 회복될 자들은 일찍이 '바알'을 사랑한 죄로 징벌을 받은 이스라엘 민족이다. 그 민족의 반역을 끝끝내 고치고 기쁘게 사랑하겠다는 것이 하나님의 뜻이요 의지다. 다시 말하면 이스라엘의 회복 위에 구원의 대상이 열방으로 확장된 것을 말씀하고 있는 것이지 이스라엘이 버림받은 대신에 이방인이 선택되었다는 말이 아닌 것이다.

이스라엘 회복을 예언하는 성경의 모든 구절은 명쾌하고 정직하다. 이것을 전부 '이방인'의 구원으로 설명하는 대체 사상에 의해 많은 성경 말씀이 오해되고 있다. 이스라엘은 이미 뿌리를 내렸으며 모든 것이 말씀대로 성취되고 있고 주님 오시는 때도 빠른 속도로 임하고 있다.

갈라디아서

갈라디아서는 구원과 율법의 관계에 대해 특히 논란이 많은 서신서다. 다음 구절도 흔히 이스라엘의 정체성이 없어졌다고 인용되는 구절이다.

> 너희는 유대인이나 헬라인이나 종이나 자유인이나 남자나 여자나 다 그리
> 스도 예수 안에서 하나이니라 너희가 그리스도의 것이면 곧 아브라함의
> 자손이요 약속대로 유업을 이을 자니라(갈 3:28-29).

바울이 갈라디아서에서 다룬 핵심적인 논지는 '율법의 행위'가 아니라 '그리스도 안에서의 믿음으로 인한 은혜'로 구원을 이룬다는 것이다. 위 구절은 바울이 마치 유대인이나 비유대인들의 구별을 없앤 것처럼 보인다. 물론 그렇다. 구원에 대해서는 말이다. 따라서 위의 구절에서 바울이 밝히고자 하는 바는 구원은 율법을 지킴으로써가 아니라 그리스도께 속함으로 가능하다. 그럴 때 아브라함의 유업을 이을 자가 된다는 내용이다. 여기에는 인종 구별, 신분 구별이 없다는 말이다.

이스라엘 회복을 부정적으로 보는 시각 중 하나는 유대인들에게 다른 구원의 길이 있는 것처럼 보여지기 때문이다. 이스라엘을 제 위치로 두려는 노력은 유대인들에게 면죄부를 주고자 함이 아니다. 또는 구약의 절기와 규례들을 그때처럼 재연하자는 것도 더더욱 아니다. 그것들은 그림자요, 실체는 그리스도이시다. 유대인이든 이방인이든 구원은 오직 예수 그리스도를 믿는 믿음 외에는 없다. 우리가 이스라엘을 다루는 이유는 '하나님의 구원 사역의 경륜'을 가늠하기 위함이다.

두 번째로 살펴볼 구절은 갈라디아서의 결론부에 나오는 특이한 표현이

다. 이 구절 역시 논쟁의 포인트가 되어 왔다.

> 무릇 이 규례를 행하는 자에게와 하나님의 이스라엘에게 평강과 긍휼이
> 있을지어다(갈 6:16).

여기서 "하나님의 이스라엘"은 누구를 의미하는가? 이스라엘 사람들인
가? 아니면 교회를 이스라엘로 바꾸어 표현한 것인가? 아니면 둘 다인가?
우선 '이 규례'가 무엇을 의미하는지 보자. 할례에 상관없이 예수 그리스
도의 십자가로 인해 구원을 얻는 것, 그 십자가 외에 자랑할 것이 없는 것,
십자가에 못 박히고 오직 새롭게 지음받는 것을 의미한다(갈 6:14-16). 그것
을 '행하는 자'는 유대인이나 헬라인이나 상관없다.

그렇다면 "하나님의 이스라엘에게(και επι τον Ισραηλ του θεου)"는 누구인가?
이스라엘 앞에 정관사(τον)가 붙어 있다. 이 구절의 이스라엘은 '민족적인
이스라엘'로 보는 것이 자연스럽다. 왜냐하면 성경에는 정관사가 붙은 이
스라엘을 이스라엘이 아닌 어떤 것으로 지칭하는 예가 없기 때문이다.

둘째, 바울이 굳이 정관사를 붙여서 '하나님의 이스라엘'이라고 표현하
면서까지 이스라엘과 이방 나라를 혼합한 새로운 이스라엘을 말했을 것이
라고 보기 어려우며, 더욱이 이스라엘이 배제된 이방 교회를 이스라엘로
불렀을리는 만무하기 때문이다. 만일 그랬다면 로마서 9-11장처럼 이스라
엘에 관한 논지를 펴려고 했을 것이다.

셋째, '그리고', '또한(and)', '-조차(even)'로 번역될 수 있는 접속사 'και(카
이)'가 두 부류를 연결하는 고리 역할을 하기 때문이다. 이 접속사는 "이 규
례를 행하는 자"와 "하나님의 이스라엘"을 연결시킨다. 이 둘이 동격이 아
님이 증명된다. 여기서 바울이 이스라엘을 의도적으로 언급하려는 시도를

엿볼 수 있다.

바울의 논증을 정리하면, 우리의 하나님은 유대인의 하나님이며 또한 이방인의 하나님이시다. 우리는 할례나 율법이 아니라 믿음으로 말미암아 의롭다 함을 얻는다. 이 규례를 지키는 은혜가 갈라디아 교회 내의 이방인 성도들에게와 '그리고 유대인들에게도(and to Israel of God)' 혹은 '유대인들에게까지도(even to Israel of God)' 임하기를 기원한다는 의미로 보는 것이 타당하다(갈 3:9-11).

베드로전서

대체주의 사상의 기초를 놓은 구절 중에 가장 빈번하게 다루어지는 본문이 베드로전서에 나온다.

> 그러나 너희는 택하신 족속(A chosen people)이요 왕 같은 제사장들(A royal priesthood)이요 거룩한 나라(A holy nation)요 그의 소유가 된 백성(A people belonging to God)이니 이는 너희를 어두운 데서 불러 내어 그의 기이한 빛에 들어가게 하신 이의 아름다운 덕을 선포하게 하려 하심이라 너희가 전에는 백성이 아니더니 이제는 하나님의 백성이요 전에는 긍휼을 얻지 못하였더니 이제는 긍휼을 얻은 자니라(벧전 2:9-10).

이 구절을 통해 대체신학은 사도 베드로가 '택하신 족속, 왕같은 제사장, 거룩한 나라, 소유된 백성', 즉 이스라엘에게 사용되었던 이 정체성을 전에는 백성이 아니고, 전에는 긍휼을 얻지 못했던 이방인들에게 대체해서 적용시킨 명확한 증거를 드러낸다고 주장한다. 문제는 정말로 베드로가 이스라엘의 소명을 교회가 넘겨 받았다는 의미를 본문에 부여하고 있느냐는 점이다. 당시의 베드로의 입장에서 본문의 전체적인 의미를 밝힌다면 그의 생각이 분명해진다.

첫째, 베드로전서는 아시아 곳곳에 흩어져 있는 디아스포라 유대인들에게 보낸 서신이다.

베드로전서 1장 1절에 그 수신자가 나와 있다. '본도, 갈라디아, 갑바도기아, 아시아와 비두니아에 흩어진 나그네'라고 했다. '나그네'를 헬라어로 'παρεπιδημοις(파레피데모이스)'라고 하는데 이 말은 '나그네, 방문객, 타국인(Sojourners, Strangers, Aliens)이라는 뜻이다. 이 단어가 쓰인 다른 곳을 보면 그 대상이 누구인지 더 명확해진다. 히브리서 11장 13절에는 "이 사람들은 다 믿음을 따라 죽었으며 약속을 받지 못하였으되 그것들을 멀리서 보고 환영하며 또 땅에서는 외국인과 나그네로라 증언하였으니."라고 한다. 여기서도 '나그네'를 'παρεπιδημοις'로 표기한다.

히브리서는 곳곳에 흩어진 믿는 유대인들의 믿음을 격려하기 위해 쓰여진 서신서이다. 히브리서와 함께 베드로전서는 구약을 많이 인용하는 성경 중에 하나이다. 이 말은 구약성경에 익숙하고 정통한 성도에게 그들이 익숙한 구약(타나그)의 말씀을 인용하며 보낸 서신이라는 증거이다.

베드로전서 1장 17절에는 "…너희가 나그네로 있을 때를 두려움으로 지내라."고 당부한다. 2장 12절에는 "너희가 이방인 중에서 행실을 선하게……." 가지라고 한다. 4장 3절에는 "너희가…이방인의 뜻을 따라 행한 것이……."라며 이방 가운데 믿는 유대인들이 흩어져 있음을 암시하는 구절들이 등장한다. 우리가 잘 아는 대로 베드로는 바울과 달리 유대인들을 위한 복음 전도자였다. 따라서 베드로가 여러 지역에 흩어져서 살고 있는 유대 그리스도인들에게 그 지역의 이방 문화로부터 자신의 행실을 지키라고 권면하는 것이라고 보는 것이 타당하다. 베드로의 사상이 들어 있는 사도행전의 설교를 들어보자.

> 또한 사무엘 때부터 이어 말한 모든 선지자도 이 때를 가리켜 말하였으니라 너희는 선지자들의 자손이요 또 하나님이 너희 조상과 더불어 세우신 언약의 자손이라 아브라함에게 이르시기를 땅 위의 모든 족속이 너의 씨로 말미암아 복을 받으리라 하셨으니 하나님이 그 종을 세워 복 주시려고 너희에게 먼저 보내사 너희로 하여금 돌이켜 각각 그 악함을 버리게 하셨느니라(행 3:24-26).

> 이스라엘에게 회개함과 죄 사함을 주시려고 그를 오른손으로 높이사 임금과 구주로 삼으셨느니라(행 5:31)

베드로는 아브라함에게 주어진 언약을 그대로 인정하고 있다. 유대인으로서의 정체성과 그 민족이 선택받은 민족이라는 것을 계속적으로 인지하고 있음을 알 수 있다.

둘째, 베드로전서 2장 9절은 일차적으로 믿는 유대인들을 대상으로 한 표현이다.

베드로가 구약성경에서 인용한 곳을 찾아가 보자. 원래의 뜻을 알 때에 본문에서 베드로의 의도를 파악할 수 있다.

> 너희가 내게 대하여 제사장 나라(A kingdom of priests)가 되며 거룩한 백성(A

holy nation)이 되리라 너는 이 말을 이스라엘 자손에게 전할지니라(출 19:6).

출애굽 당시 하나님은 이스라엘을 불러 내신 목적을 분명히 하였다. 그것은 제사장 나라요 거룩한 백성이 되게 하는 것이었다. 이 약속은 아브라함 때에 주어진 언약과 일치한다. 베드로는 이스라엘 민족의 부르심을 잘 알고 있었다. 베드로는 이제 디아스포라로 흩어진 믿는 유대인들이 이러한 자신들의 부르심에 더욱 걸맞게 살아야 함을 강조하고 있는 것이다.

셋째, 베드로가 인용하는 구절들은 이스라엘에 주신 약속과 관련된 구절이다.

베드로가 구약에서 인용하는 여러 구절들이 이스라엘의 회복과 관련된 구절이며, 수신자들은 그것을 이해하는 유대인들임을 추측할 수 있다. 우선 위의 논쟁 구절에 대한 배경을 베드로전서 2장 10절이 설명해 준다. 놀랍게도 베드로도 사도 바울이 로마서 9장 25-26절에서 사용한 구절과 동일한 호세아의 글을 가져왔다. 그러므로 베드로전서 2장 9절의 말씀은 이스라엘의 부르심이 끝나서 이방인 교회에 자리를 내준 것이 아니라 정반대로 믿음으로 회복된 유대인과 이스라엘의 부르심을 더욱 명확히 해 주고 있다.

> 내가 나를 위하여 그를 이 땅에 심고 긍휼히 여김을 받지 못하였던 자를 긍휼히 여기며 내 백성 아니었던 자에게 향하여 이르기를 너는 내 백성 (You are my people)이라 하리니 그들은 이르기를 주는 내 하나님이시라 하리라 하시니라(호 2:23).

그리고 베드로전서 1장 24-25절은 이사야 40장을 인용한 것이다. 이렇게 기록되어 있다.

> 풀은 마르고 꽃이 시듦은 여호와의 기운이 그 위에 붊이라 이 백성은 실로 풀이로다 풀은 마르고 꽃은 시드나 우리 하나님의 말씀은 영원히 서리라 하라(사 40:7-8).

이사야는 바벨론의 침략을 앞둔 상황에서 유대 백성을 풀과 같다고 비유한다. 이사야는 여호와의 기운에 그들이 풀과 같이 시들 것이지만 패망함으로 끝나는 것이 아니라 장래에 회복될 것임을 예견한다. 여기서 이사야가 말하는 영원히 불변하다는 하나님의 말씀이 무엇인가? 다름 아닌 이스라엘을 지키실 것이라는 말씀을 말한다. 그 다음 구절을 보라.

> 보라 주 여호와께서 장차 강한 자로 임하실 것이요 친히 그의 팔로 다스리실 것이라 보라 상급이 그에게 있고 보응이 그의 앞에 있으며 그는 목자 같이 양 떼를 먹이시며 어린 양을 그 팔로 모아 품에 안으시며 젖먹이는 암컷들을 온순히 인도하시리로다(사 40:10-11).

한편 베드로는 하나님께서 이스라엘을 부르신 이유를 그 백성을 거룩하게 하기 위함이라는 사실을 상기시키고 있다. 그 하나님이 거룩한 여호와이며, 그 백성의 삶이 어떠해야 하는지 가르치고 있다. 토라(구약성경)를 늘 상고하여 익숙했던 유대인들을 베드로가 '너희'라 칭하며 말씀을 일깨워 주고 있는 것이다.

오직 너희를 부르신 거룩한 이처럼 너희도 모든 행실에 거룩한 자가

되라 기록되었으되 내가 거룩하니 너희도 거룩할지어다 하셨느니라

(벧전 1:15-16).

나는 너희의 하나님이 되려고 너희를 애굽 땅에서 인도하여 낸 여호와라

내가 거룩하니 너희도 거룩할지어다(레 11:45).

너는 이스라엘 자손의 온 회중에게 말하여 이르라 너희는 거룩하라 이는

나 여호와 너희 하나님이 거룩함이니라(레 19:2).

베드로는 이방에 흩어져 사는 믿는 유대인 성도들에게 그들의 원래의 부르심이었던 제사장 나라, 거룩한 백성으로서의 본분을 다할 것을 당부하고 있는 것이다.

넷째, 베드로는 종말론적 정황에서 구약의 성취를 내다본다.

베드로전후서는 신약 가운데서도 가장 종말론적인 성격이 강한 서신이다. 베드로는 자신과 성도들 앞에 놓인 로마로부터의 핍박과 고난을 예고하고 성도들을 권면했다(벧전 1:6, 4:12). 그들은 재림 직전이라고 믿었고 큰 환란 속에 들어 갈 것이라고 생각했다. 베드로전서 1장 5절에서 "너희는 말세에 나타내기로 예비하신 구원을 얻기 위하여 믿음으로 말미암아 하나님의 능력으로 보호하심을 받았느니라(Until the coming of the salvation that is ready to be revealed in the last time)."고 했다.

1장 7절에는 "…예수 그리스도의 나타나실 때……."를 기대하고 있었고, 13절에도 "…예수 그리스도의 나타나실 때 너희에게 가져다 주실 은

혜……."라고 위로한다. 4장 7절에도 "만물의 마지막이 가까이 왔으니 그러므로 너희는 정신을 차리고 근신하여 기도하라."고 당부한다. 4장 17절에는 "하나님의 집에서 심판을 시작할 때가 되었나니……."라고 주님의 강림의 때가 멀지 않았음을 강하게 시사한다. 로마의 핍박을 앞둔 상황에서 베드로는 남은 자로서의 믿는 유대인의 정체성을 재확인하는 것으로 논지를 자연스럽게 이어간다.

> 그러나 너희는 택하신 족속이요 왕 같은 제사장들이요 거룩한 나라요 그의 소유가 된 백성이니 이는 너희를 어두운 데서 불러 내어 그의 기이한 빛에 들어가게 하신 이의 아름다운 덕을 선포하게 하려 하심이라(벧전 2:9).

마지막 때가 되면 이스라엘의 남은 자들은 열방에 복음의 빛으로 나타나게 될 것이다. 그때는 세상이 더욱 어두워져 가는 상황이다. 이것을 선지자들이 정확히 내다보았다.

> 말일에 여호와의 전의 산이 모든 산 꼭대기에 굳게 설 것이요 모든 작은 산 위에 뛰어나리니 만방이 그리로 모여들 것이라(사 2:2).

> 일어나라 빛을 발하라 이는 네 빛이 이르렀고 여호와의 영광이 네 위에 임하였음이니라 보라 어둠이 땅을 덮을 것이며 캄캄함이 만민을 가리려니와 오직 여호와께서 네 위에 임하실 것이며 그의 영광이 네 위에 나타나리니 나라들은 네 빛으로, 왕들은 비치는 네 광명으로 나아오리라(사 60:1-3).

베드로와 초대 교회 성도들은 대규모의 박해를 맞이하면서 그리스도의 강림이 곧 있을 것을 기대했고 그들은 구약의 예언들이 현실로 성취되는 것을 기대하였다. 이로 보건대 구약성경을 여러 번 인용하며 베드로가 쓴 서신의 수신자들은 주로 유대인 성도들이었으며, '이스라엘'을 '이방인 성도들'로 대체했거나 동일시했다고 볼 수 있는 근거는 없다.

빌립보서

대체신학의 근거로 삼는 것 중 하나가 사도 바울의 개인적 고백이다. 특히 빌립보서 3장 4-9절은 급진적인 반유대주의의 구절로 거론되어 왔다.

> 그러나 나도 육체를 신뢰할 만하며 만일 누구든지 다른 이가 육체를 신뢰할 것이 있는 줄로 생각하면 나는 더욱 그러하리니 나는 팔일 만에 할례를 받고 이스라엘 족속이요 베냐민 지파요 히브리인 중의 히브리인이요 율법으로는 바리새인이요 열심으로는 교회를 박해하고 율법의 의로는 흠이 없는 자라 그러나 무엇이든지 내게 유익하던 것을 내가 그리스도를 위하여 다 해로 여길뿐더러 또한 모든 것을 해로 여김은 내 주 그리스도 예수를 아는 지식이 가장 고상하기 때문이라 내가 그를 위하여 모든 것을 잃어버리고 배설물로 여김은 그리스도를 얻고 그 안에서 발견되려 함이니 내가 가진 의는 율법에서 난 것이 아니요 오직 그리스도를 믿음으로 말미암은 것이니 곧 믿음으로 하나님께로부터 난 의라(빌 3:4-9).

빌립보서에서 바울은 자신의 출생과 신분을 언급하면서 이것들은 '육체를 신뢰하는 것'이라고 말한다. 그리고 자신에게 유익하던 것을 그리스도를 위해 다 해로 여긴다고 고백한다. 이 구절을 반유대주의의 내용으로 볼 수는 없다. 왜냐하면 그렇게 본다면 '유대적인 것은 육체에 속한 것이고, 반유대적인 것은 그리스도에게 속한 것'이라는 이상한 논리가 나오기 때문이다.

여기서 바울은 신앙고백을 하고 있는 중이다. 그가 주장하는 것은 빌립보서 3장 9절에 있는 것처럼 "…오직 그리스도를 믿음으로 말미암은 것이니 곧 믿음으로 하나님께로부터 난 의……."이다. 그는 자신이 가진 의로서는 도무지 부활에 이를 수 없다는 것을 깨달았다(빌 3:11). 그는 육체에 속한 것 모두, 즉 자신에게 유익하던 것을 던져 버리고 오직 푯대를 향하여 그리스도 예수 안에서 하나님이 위에서 부르신 부름의 상을 위해 좇아가려고 했다(빌 3:12-13).

바울이 이것을 언급한 의도는 자신의 유대적인 겉옷을 벗어버리고 싶어서가 아니라, 그리스도를 통해 구원을 얻는 진리를 말하기 위함이었다. 하나님의 성령을 거스리며, 그리스도 예수를 자랑할 수 없게 하고, 육체를 신뢰하게 하는 것들은 그 어떤 것도 내려놓아야 한다(빌 3:3).

오히려 바울은 복음을 위해 자신의 사도권을 변호해야 할 때는 유대인으로서의 정체성을 크게 강조한다. 바울은 자신의 학문적 지식, 히브리인으로서의 문화와 언어 등, 그리스도를 위해 해가 되면 버릴 것이지만 그리스도를 위해 유익이 되고 복음을 위해 변호가 된다면 오히려 주를 위해 자랑했던 인물이다(행 22:2-3, 24:10-16; 고후 10-12장).

데살로니가전서

사도 바울이 유대인들에 대해 적대감을 비교적 강하게 표시한 구절이 데살로니가전서 2장 15-16절이다. 본문은 다음과 같다.

> 유대인은 주 예수와 선지자들을 죽이고 우리를 쫓아내고 하나님을 기쁘시게 하지 아니하고 모든 사람에게 대적이 되어 우리가 이방인에게 말하여 구원받게 함을 그들이 금하여 자기 죄를 항상 채우매 노하심이 끝까지 그들에게 임하였느니라(살전 2:15-16).

이 구절에 대한 해답은 간단하다. 여기서 나오는 유대인이 누구냐는 것을 보면 된다. 과연 유대인 전체를 일컫는 것인가? 아니면 특정 그룹을 말하는가? 해답은 바로 윗 구절을 보면 쉽게 알 수 있다. 이 구절에서 언급하는 유대인은 14절에 나오는 유대인들이다. 14절을 보자.

> 형제들아 너희가 그리스도 예수 안에서 유대에 있는 하나님의 교회들(God's church in Judea)을 본받은 자 되었으니 그들이 유대인들에게 고난을 받음과 같이 너희도 너희 동족에게서 동일한 고난을 받았느니라(살전 2:14).

여기서 '너희'라는 것은 데살로니가교회 교인들을 의미한다. 유대인들 중 믿는 자들이 없어야 할 텐데 놀라운 사실은 데살로니가 교인들이 본받았다고 칭찬하는 교회가 '유대에 있는 하나님의 교회'이다. 이 말은 유대 지역에 믿는 교회들이 있다는 말이며 동시에 본을 보일 만큼 훌륭했다는 뜻이다.

즉 유대인들 전체가 바울을 핍박한 것이 아니라 불신 유대인들(Jewish unbelievers)이 하나님을 믿는 유대인 교회를 핍박했다는 말이다. 유대인 성도가 불신자들에게 핍박을 받은 것처럼, 지금 바울 자신도 불신 유대인들로부터 전도에 방해를 받고 있다. 마찬가지로 데살로니가에서도 불신 데살로니가 사람들(Thessalonian unbelievers)이 성도를 핍박했는데, 그 데살로니가 교회가 유대인 교회를 본받아 인내하고 있음을 칭찬하는 장면이다. 그러므로 유대인 전체를 대상으로 이 말을 하는 것이 아니다.

바울은 로마서에서도 "유대에서 순종하지 아니하는 자들로부터 건짐을 받게 하고(may be rescued from the unbelievers in Judea)……"라고 기도를 요청한다(롬 15:31). 불신 유대인들에게 바울과 복음 전도자들은 항상 핍박과 위협에 노출되어 있었다. 그러므로 데살로니가전서 2장 15절에 주 예수와 선지자들을 죽이고 바울 일행을 쫓아내고 하나님을 기쁘시게 하지 않는 자들은 불신 유대인들(Jewish unbelievers)을 일컫는다. 따라서 모든 이스라엘 사람이 그리스도와 선지자들을 죽였고 그들은 완전히 버림받았다고 해석하는 것은 전혀 합당하지 않다.

이스라엘이 결코 버림받지 않았다는 결정적인 증거들

이스라엘이 여호와 하나님으로부터 버림받지 않았고 그들의 부르심이 끝나지 않았다는 것을 증명하게 되면 반유대주의와 대체신학이 설 자리는 없어진다. 구약과 신약을 막론하고 이스라엘의 위치가 그대로 유지됨을 볼 수 있다. 다음 몇 가지 논점들은 이스라엘의 역할과 위치가 여전히 유효함을 보여 준다.

하나님이 이스라엘의 족장들과 맺은 언약은 불변하다

구약성경에는 하나님이 친히 맺으신 여러 언약들이 나온다. 아브라함 언약, 이삭 언약, 야곱 언약, 모세 언약, 다윗 언약, 새 언약 등을 살펴보라. 하나님은 이스라엘과 맺으신 약속을 신실하게 이어가고 계신다. 이스라엘의 씨와 땅과 통치자에 대한 약속이지만 궁극적으로는 메시아이신 예수님을 약속한 말씀이다. 여러 곳에서 지리적인 이스라엘 땅과 혈통적인 이스라엘 후손들을 약속하신다.

하나님은 여러 가지 방법을 통해서 자신을 알리시지만 가장 강력하게 자신을 나타내시는 방법이 이스라엘을 통해서이다. 하나님은 이스라엘과 맺은 자신의 약속을 지키심으로 하나님 되심을 스스로 증명하신다. 약 1,500년간 약 40여 명의 저자를 통해 성경을 기록하게 하시고 이스라엘을 세우시고 그들과 약속을 하셨다. 세상 사람들은 하나님께서 이스라엘에 대한 자신의 말씀을 지키시는 것을 볼 때 그분이 어떤 하나님이신지를 알게 될 것이다. 반대로 말하면, 하나님이 이스라엘에게 하신 약속이 취소되거나 지켜지지 않을 경우에 하나님은 실패하시는 것이 된다. 이렇듯 이스라엘을 통해 하나님은 다른 어떤 도움도 필요 없이 스스로 자신의 존재를 증거하신다.

하나님은 아브라함과 그런 언약을 맺으셨다. 그 언약이 이삭과 야곱과 모세와 다윗 그리고 예수 그리스도에게 이르기까지 지켜져야 한다. 우리들은 이스라엘을 향한 하나님의 약속이 변개하지 않을 때 하나님되심을 알게 된다. 이스라엘이 성경의 예언대로 성취되는 일들은 하나님의 존재를 나타내는 표적이 될 것이다.

하나님께서 아브라함과 맺은 언약은 영원한 것이다. 시내산 율법이 모세에게 주어지기 전부터 이미 맺어진 것이다. 아브라함과 맺은 영원한 약속은 그 이후에 따라오는 어떤 언약으로도 대체할 수 없다. 그러므로 이스라엘의 존재의 근거는 아브라함 언약이다. 아브라함 언약은 창세기 12, 13, 17장에 잘 기록되어 있다.

창세기 12장 1-5절에 아브라함을 부르시며 약속하신 것이 나온다.

① 내가 너로 큰 민족을 이루고,

② 네게 복을 주어,

③ 네 이름을 창대하게 하리니,

④ 너는 복의 근원이 될찌라.

⑤ 너를 축복하는 자에게는 내가 복을 내리고,

⑥ 너를 저주하는 자에게는 내가 저주하리니,

⑦ 땅의 모든 족속이 너를 인하여 복을 얻을 것이라.

아브라함에게 일곱 가지의 약속이 주어졌다. 창세기 15장 17절에서 하나님은 아브라함에게 암소와 염소와 숫양을 가져오게 해서 그 중간을 쪼개라고 말씀하신다. 횃불이 쪼갠 고기 사이로 지나간다.

이것이 하나님과 아브라함이 맺은 언약의 장면이다. 중동의 언약식의 한 형태를 빌어서 한 것이다. 고대 근동의 언약 체결의 방식은 짐승을 둘로 쪼개고 언약 당사자들이 그 사이를 지나가는 것이다. 만일 언약을 파기할 경우, 당사자는 그 짐승처럼 쪼개질 것이라는 의미다. 고대 근동 사회에서 언약이라는 개념은 서구 사회의 그것과 큰 차이가 있다. 서구 문명의 영향을 받은 우리는 쉽게 계약이나 약속을 깨뜨리지만, 사실 이 언약은 생명을 담보로 하는 것이다. 그런데 아브라함 언약의 장면에서는 약속 당사자인 두 사람이 같이 지나가지 않고 오직 하나님만이 통과하신다.

> 해가 져서 어두울 때에 연기 나는 화로가 보이며 타는 횃불이 쪼갠 고기 사이로 지나더라 그 날에 여호와께서 아브람과 더불어 언약을 세워 이르시되 내가 이 땅을 애굽 강에서부터 그 큰 강 유브라데까지 네 자손에게 주노니(창 15:17-18).

이것은 무슨 뜻인가? 전적으로 하나님이 모든 책임을 지시겠다는 일방적인 은혜의 약속이다. 하나님이 이스라엘에 대한 언약을 포기하신다는 것은, 곧 자신의 죽음을 의미하는 것이다. 약속을 어기면 둘로 갈라진 동물처럼 당신이 모든 저주를 받겠다는 의지이며, 결코 타협하거나 변개할 수 없는 절대적인 약속임을 확증하는 것이다. 하나님은 인간으로서는 감당할 수 없는 책임과 의무를 스스로에게 부과하고 계신다.

하나님은 이 언약에서 이스라엘 땅과 그 땅 백성의 생존과 번영을 약속하셨다. 하나님이 아브라함과 맺은 언약을 잊으셔서 이스라엘이 복의 근원이 되기는커녕 이스라엘 땅이 사라지거나 유대인들이 완전히 멸절된다면, 하나님은 죽으신 것이나 다름없다. 우리가 믿는 하나님은 사신 하나님이시다. 그러므로 하나님은 당신의 언약을 성취하실 것이다. 하나님의 약속은 결코 대체될 수 없고 취소될 수도 없다. 족장들과 맺은 언약은 영원한 언약이다.

이삭에 대한 예언을 보면 아브라함에게 주신 약속이 재확인되고 있다.

> 여호와께서 이삭에게 나타나 이르시되 애굽으로 내려가지 말고 내가 네게 지시하는 땅에 거주하라 이 땅에 거류하면 내가 너와 함께 있어 네게 복을 주고 내가 이 모든 땅을 너와 네 자손에게 주리라 내가 네 아버지 아브라함에게 맹세한 것(The oath I swore to your father Abraham)을 이루어 네 자손을 하늘의 별과 같이 번성하게 하며 이 모든 땅을 네 자손에게 주리니 네 자손으로 말미암아 천하 만민이 복을 받으리라(창 26:2-5).

야곱에 대한 예언을 보라. 아브라함에게 주어졌던 약속이 동일하게 반복된다.

또 본즉 여호와께서 그 위에 서서 이르시되 나는 여호와니 너의 조부 아브라함의 하나님이요 이삭의 하나님이라(I am the Lord, the God of your father Abraham and the God of Isaac) 네가 누워 있는 땅을 내가 너와 네 자손에게 주리니 네 자손이 땅의 티끌 같이 되어 네가 서쪽과 동쪽과 북쪽과 남쪽으로 퍼져 나갈지며 땅의 모든 족속이 너와 네 자손으로 말미암아 복을 받으리라 내가 너와 함께 있어 네가 어디로 가든지 너를 지키며 너를 이끌어 이 땅으로 돌아오게 할지라 내가 네게 허락한 것을 다 이루기까지 너를 떠나지 아니하리라 하신지라(창 28:13-15).

이 말씀은 시편에서도 확증된다.

그는 그의 언약 곧 천 대에 걸쳐 명령하신 말씀을 영원히 기억하셨으니 이것은 아브라함과 맺은 언약이고 이삭에게 하신 맹세이며 야곱에게 세우신 율례 곧 이스라엘에게 하신 영원한 언약(to Israel as an everlasting covenant)이라 이르시기를 내가 가나안 땅을 네게 주어 너희에게 할당된 소유가 되게 하리라 하셨도다(시 105:8-11).

출애굽기 32장 13절에서도 "주의 종 아브라함과 이삭과 이스라엘을 기억하소서 수께서 그들을 위하여 주를 가리켜 맹세하여 이르시기를 내가 너희의 자손을 하늘의 별처럼 많게 하고 내가 허락한 이 온 땅을 너희의 자손에게 주어 영원한 기업(Inheritance forever)이 되게 하리라 하셨나이다."라고 언약의 핵심을 반복하여 기록하고 있다. 에스겔 43장 1-7절에서는 이스라엘이 하나님의 보좌의 처소요 그 발을 두는 곳이라고 묘사하고 있다.

그 후에 그가 나를 데리고 문에 이르니 곧 동쪽을 향한 문이라 이스라엘 하나님의 영광이 동쪽에서부터 오는데 하나님의 음성이 많은 물 소리 같고 땅은 그 영광으로 말미암아 빛나니 그 모양이 내가 본 환상 곧 전에 성읍을 멸하러 올 때에 보던 환상 같고 그발 강 가에서 보던 환상과도 같기로 내가 곧 얼굴을 땅에 대고 엎드렸더니 여호와의 영광이 동문을 통하여 성전으로 들어가고 영이 나를 들어 데리고 안뜰에 들어가시기로 내가 보니 여호와의 영광이 성전에 가득하더라 성전에서 내게 하는 말을 내가 듣고 있을 때에 어떤 사람이 내 곁에 서 있더라 그가 내게 이르시되 인자야 이(이스라엘)는 내 보좌의 처소, 내 발을 두는 처소, 내가 이스라엘 족속 가운데에 영원히 있을 곳이라(I will live among the Israelites forever) 이스라엘 족속 곧 그들과 그들의 왕들이 음행하며 그 죽은 왕들의 시체로 다시는 내 거룩한 이름을 더럽히지 아니하리라.

선지서의 말씀 중에 있는 이스라엘에 대한 예언이 제대로 이루어진 때가 없었다

선지서에는 이스라엘에 대한 예언이 주를 이룬다. 대부분의 선지서들은 주로 범죄한 이스라엘을 향한 하나님의 심판과 그 후에 있을 회복에 대해서 언급했다. 선지자들은 이스라엘에 장차 큰 부흥과 번영이 있을 것을 예언했다. 그러나 그 말씀들이 제대로 이루어진 때가 없었다. 그 이유는 이스라엘이 바벨론 유수 이래 항상 타민족의 지배하에 있었고 자유와 독립을 이루지 못하기 때문이었다. 또한 국가로서의 위상을 가져본 적이 없었다.

이스라엘에 대한 열국의 지배 역사는 다음과 같다.

① 바벨론 포로(주전 605~538년)

② 바사 지배(~333년)

③ 그리스 지배(~300년)

④ 프톨레미 지배(~200년)

⑤ 셀레우코스 지배(~167년)

⑥ 로마 지배(주전 63~주후 324년)

⑦ 비잔틴 지배(~638년)

⑧ 이슬람 지배(~1099년)

⑨ 십자군 지배(~1291년)

⑩ 이집트 맘루크 지배(~1517년)

⑪ 오스만 터키 지배(~1917년)

⑫ 영국 지배(~1948년)

보는 바와 같이, 이스라엘은 바벨론 유수 이래 1948년 독립국가로 부활하기 전까지 한번도 제대로 된 국가의 모습을 갖추지 못했다. 신구약 중간기에 마카비 혁명을 통해 약 100년 정도 하스모니안 왕조(주전 142-63년)라는 독립기가 있었지만, 그때도 성경의 예언이 성취된 수준은 아니었다. 그때에는 국지적인 독립이었으며 성경이 말한 대로 이스라엘이 열방에 알려져서 이방에 빛이 되거나, 사방에서 사람들이 고토로 귀환하지도 않았으며, 예루살렘이 세상의 중심으로 알려지거나 열국에서 사람들이 방문하지도 않았다. 뿐만 아니라 그때는 아직 메시아의 초림도 일어나지 않았다. 이스라엘의 남은 예언이 성취되고 있는 것은 결국 1948년 독립 이후라 할 수 있다. 또한 1967년 예루살렘 탈환 이후에 이스라엘에 대한 말씀들이 급속도로 성취되고 있다.

만일 구약의 예언이 예수님의 초림으로 모두 완성된 것이라면, 이스라엘에 대한 구절들은 지금과는 아무 관련이 없을 것이다. 그러나 아직 성취되지 않은 말씀이 많이 남아 있는데, 그것들은 대부분 현대에 와서 이루어지고 있으며 그리스도의 재림 때를 내다보고 있다. 구약의 많은 선지자들은 재림을 앞두고 지리적인 이스라엘에 실제로 일어날 변화들을 언급하고 있다.

이스라엘이 다시 회복됨으로써 열방에 복음의 역사가 더욱 왕성하게 일어난다는 약속이 성취될 것이다. 선지자들이 소원했던 것처럼 여호와를 아는 지식이 온 땅에 충만해질 것이며, 열방이 시온의 여호와의 영광으로 나아 올 것이다. 남은 예언이 모두 성취될 때 복음이 땅 끝까지 전해지고 그리스도께서 다시 오시는 크고 영광스러운 날을 보게 될 것이다.

모든 선지서는 이스라엘의 소명의 회복과 부흥을 예언함으로 끝을 맺고 있다

이스라엘의 역사를 보면, 이스라엘이 범죄하였을 때 선지자들은 그들을 향하여 죄에 대한 회개를 촉구했고, 그들이 회개할 때 회복과 축복을 경험했다. 다시 죄를 범했을 때 회개의 메시지가 거듭 전해졌으며, 그들이 다시 회개했을 때 회복과 부흥이 일어났다. 이것이 이스라엘 역사의 패턴이다.

선지서에는 이스라엘의 멸망과 회복에 대한 구절이 반복해서 나온다. 만일 이스라엘이 범죄함으로 더 이상 용서받지 못하고 지리적으로, 혈통적으로 그 역할이 끝났다면 아마 선지자들도 이스라엘의 멸망을 선언하면서 결론을 맺을 것이다. 선지자들은 이스라엘의 마지막을 어떻게 내다보는가? 궁극적으로 멸망할 것을 예언하는가? 아니다. 어느 선지자도 이스라엘이 멸망할 것으로 예언을 끝내지 않고 한결같이 회복됨을 예견하며 결론을 맺는다. 다음 구절들은 주요 선지서에 나오는 이스라엘에 대한 예언의 말씀 중 마지막 부분에 나오는 내용들이다. 어떻게 결말을 맺는지 주의를 기울여 보자.

이사야 선지자

다시는 너를 버림 받은 자라 부르지 아니하며 다시는 네 땅을 황무지라 부르지 아니하고 오직 너를 헵시바라 하며 네 땅을 쁄라라 하리니 이는 여호와께서 너를 기뻐하실 것이며 네 땅이 결혼한 것처럼 될 것임이라 마치 청년이 처녀와 결혼함 같이 네 아들들이 너를 취하겠고 신랑이 신부를 기뻐함 같이 네 하나님이 너를 기뻐하시리라(사 62:4-5).

나 여호와가 말하노라 이스라엘 자손이 예물을 깨끗한 그릇에 담아 여호와의 집에 드림 같이 그들이 너희 모든 형제를 뭇 나라에서 나의 성산 예루살렘으로 말과 수레와 교자와 노새와 낙타에 태워다가 여호와께 예물로 드릴 것이요 나는 그 가운데에서 택하여 제사장과 레위인을 삼으리라 여호와의 말이니라 내가 지을 새 하늘과 새 땅이 내 앞에 항상 있는 것 같이 너희 자손과 너희 이름이 항상 있으리라 여호와의 말이니라(사 66:20-22).

예레미야 선지자

여호와께서 이와 같이 말씀하셨느니라 그는 해를 낮의 빛으로 주셨고 달과 별들을 밤의 빛으로 정하였고 바다를 뒤흔들어 그 파도로 소리치게 하나니 그의 이름은 만군의 여호와니라 이 법도가 내 앞에서 폐할진대 이스라엘 자손도 내 앞에서 끊어져 영원히 나라가 되지 못하리라 여호와의 말씀이니라 여호와께서 이와 같이 말씀하시니라 위에 있는 하늘을 측량할 수 있으며 밑에 있는 땅의 기초를 탐지할 수 있다면 내가 이스라엘 자손이 행한 모든 일로 말미암아 그들을 다 버리리라 여호와의 말씀이니라 (렘 31:35-37).

이것이 바로 하나님께서 유대 백성과 맺으신 언약의 차원이다. 자연 법칙이 깨어지지 않는 한 하나님께서 유대 백성과 맺으신 언약은 바뀌지 않는다.

여호와의 말씀이니라 그 날 그 때에 이스라엘 자손이 돌아오며 유다 자손도 함께 돌아오되 그들이 울면서 그 길을 가며 그의 하나님 여호와께 구할 것이며그들이 그 얼굴을 시온으로 향하여 그 길을 물으며 말하기를 너희는 오라 잊을 수 없는 영원한 언약으로 여호와와 연합하라 하리라 (렘 50:4-5).

에스겔 선지자

전에는 내가 그들이 사로잡혀 여러 나라에 이르게 하였거니와 후에는 내가 그들을 모아 고국 땅으로 돌아오게 하고 그 한 사람도 이방에 남기지 아니하리니 그들이 내가 여호와 자기들의 하나님인 줄을 알리라
내가 다시는 내 얼굴을 그들에게 가리지 아니하리니 이는 내가 내 영을 이

스라엘 족속에게 쏟았음이라 주 여호와의 말씀이니라(겔 39:28-29).

호세아 선지자

내가 그들의 반역을 고치고 기쁘게 그들을 사랑하리니 나의 진노가 그에게서 떠났음이니라 내가 이스라엘에게 이슬과 같으리니 그가 백합화 같이 피겠고 레바논 백향목 같이 뿌리가 박힐 것이라(호 14:4-5).

요엘 선지자

유다는 영원히 있겠고 예루살렘은 대대로 있으리라 내가 전에는 그들의 피흘림 당한 것을 갚아 주지 아니하였거니와 이제는 갚아 주리니 이는 여호와께서 시온에 거하심이니라(욜 3:20-21).

아모스 선지자

그 날에 내가 다윗의 무너진 장막을 일으키고 그것들의 틈을 막으며 그 허물어진 것을 일으켜서 옛적과 같이 세우고
내가 내 백성 이스라엘이 사로잡힌 것을 돌이키리니 그들이 황폐한 성읍을 건축하여 거주하며 포도원들을 가꾸고 그 포도주를 마시며 과원들을 만들고 그 열매를 먹으리라 내가 그들을 그들의 땅에 심으리니 그들이 내가 준 땅에서 다시 뽑히지 아니하리라 네 하나님 여호와의 말씀이니라
(암 9:11, 14-15).

오바댜 선지자

사로잡혔던 이스라엘의 많은 자손은 가나안 사람에게 속한 이 땅을 사르 밧까지 얻을 것이며 예루살렘에서 사로잡혔던 자들 곧 스바랏에 있는 자 들은 네겝의 성읍들을 얻을 것이니라 구원 받은 자들이 시온 산에 올라와 서 에서의 산을 심판하리니 나라가 여호와께 속하리라(옵 20-21).

미가 선지자

주와 같은 신이 어디 있으리이까 주께서는 죄악과 그 기업에 남은 자의 허 물을 사유하시며 인애를 기뻐하시므로 진노를 오래 품지 아니하시나이다 다시 우리를 불쌍히 여기셔서 우리의 죄악을 발로 밟으시고 우리의 모 든 죄를 깊은 바다에 던지시리이다 주께서 옛적에 우리 조상들에게 맹세 하신 대로 야곱에게 성실을 베푸시며 아브라함에게 인애를 더하시리이다 (미 7:18-20).

하박국 선지자

주께서 주의 백성을 구원하시려고, 기름 부음 받은 자를 구원하시려고 나 오사 악인의 집의 머리를 치시며 그 기초를 바닥까지 드러내셨나이다 (셀라)(합 3:13).

스바냐 선지자

그때에 내가 너를 괴롭게 하는 자를 다 벌하고 저는 자를 구원하며 쫓겨난 자를 모으며 온 세상에서 수욕 받는 자에게 칭찬과 명성을 얻게 하리라 내가 그때에 너희를 이끌고 그때에 너희를 모을지라 내가 너희 목전에서 너희의 사로잡힘을 돌이킬 때에 너희에게 천하 만민 가운데서 명성과 칭찬을 얻게 하리라 여호와의 말이니라(습 3:19-20).

스가랴 선지자

애굽 사람이나 이방 나라 사람이나 초막절을 지키러 올라오지 아니하는 자가 받을 벌이 그러하니라 그 날에는 말 방울에까지 여호와께 성결이라 기록될 것이라 여호와의 전에 있는 모든 솥이 제단 앞 주발과 다름이 없을 것이니 예루살렘과 유다의 모든 솥이 만군의 여호와의 성물이 될 것인즉 제사 드리는 자가 와서 이 솥을 가져다가 그것으로 고기를 삶으리라 그 날에는 만군의 여호와의 전에 가나안 사람이 다시 있지 아니하리라 (슥 14:19-21).

말라기 선지자

또 너희가 악인을 밟을 것이니 그들이 내가 정한 날에 너희 발바닥 밑에 재와 같으리라 만군의 여호와의 말이니라 너희는 내가 호렙에서 온 이스라엘을 위하여 내 종 모세에게 명령한 법 곧 율례와 법도를 기억하라 보라 여호와의 크고 두려운 날이 이르기 전에 내가 선지자 엘리야를 너희에게 보내리니 그가 아버지의 마음을 자녀에게로 돌이키게 하고 자녀들의 마음을 그들의 아버지에게로 돌이키게 하리라 돌이키지 아니하면 두렵건대 내가 와서 저주로 그 땅을 칠까 하노라 하시니라(말 4:3-6).

만일 선지자의 예언이 이스라엘의 패망으로 끝난다면, 이스라엘의 부르심은 끝난 것이다. 그런데 이스라엘을 향한 선지자의 예언은 하나같이 이스라엘의 회복과 소망으로 끝난다. 이스라엘에게 주신 언약이 취소되었다는 말이 어디에도 없고, 이스라엘의 영원한 패망에 대해 말하는 곳도 없다. 이스라엘 회복에 대한 말씀의 성취가 오늘날 이루어지고 있다.

이스라엘이 회복되었기에 이방인들은 언약의 축복에 동참하게 되었으며 그 유업을 함께 이을 자가 되었다. 이방인들이 이스라엘의 유업에 참예하려면, 먼저 이스라엘이 받을 유업이 있어야 한다. 만일 지리적, 역사적 이스라엘의 유업이 끝났다면 우리가 누릴 영적 유업도 없다. 이제 이방 나라는 그리스도의 의로 주어지는 영적인 유산을 함께 나누게 될 것이다. 선지자들은 이스라엘에게 약속된 유업이 반드시 충만히 주어질 것이라고 결론을 맺는다.

하나님의 성품을 이스라엘을 통해서 알게 하셨다

제자들에게 주님이 가르쳐 주신 기도가 있다. "하늘에 계신 우리 아버지여, 이름이 거룩히 여김을 받으시오며……." 우리는 하나님의 이름이 거룩히 여김을 받으시기 원한다. 아멘.

하나님의 성품을 포괄한 표현이 '거룩함'이다. 그렇다면 하나님께서 자신의 거룩함을 드러내시는 가장 강력한 방법이 무엇인가? 성경이 말하는 내용을 추적해 보자. 하나님 자신이 성경에서 말씀하신 내용을 안다면 적잖게 놀라게 된다. 성경은 이스라엘이 회복되어 유대인들이 고토로 돌아가는 것을 볼 때, 즉 하나님께서 이스라엘을 인도하시고 보호하시는 것을 볼 때,세상은 하나님을 알게 될 것이고 그의 이름이 거룩히 여김을 받을 것이라고 말씀한다.

> 그러므로 너는 대언하여 그들에게 이르기를 주 여호와께서 이같이 말씀하시기를 내 백성들아 내가 너희 무덤을 열고 너희로 거기에서 나오게 하고 이스라엘 땅으로 들어가게 하리라 내 백성들아 내가 너희 무덤을 열고 너희로 거기에서 나오게 한즉 너희는 내가 여호와인 줄을 알리라 내가 또 내 영을 너희 속에 두어 너희가 살아나게 하고 내가 또 너희를 너희 고국 땅에 두리니 나 여호와가 이 일을 말하고 이룬 줄을 너희가 알리라 여호와의 말씀이니라(겔 37:12-14).

> 구름이 땅을 덮음 같이 내 백성 이스라엘을 치러 오리라 곡아 끝 날에 내가 너를 이끌어다가 내 땅을 치게 하리니 이는 내가 너로 말미암아 이방 사람의 눈 앞에서 내 거룩함을 나타내어 그들이 다 나를 알게 하려 함이라 (겔 38:16).

> 이같이 내가 여러 나라의 눈에 내 위대함과 내 거룩함을 나타내어 나를 알게 하리니 내가 여호와인 줄을 그들이 알리라(겔 38:23).

> 내가 내 거룩한 이름을 내 백성 이스라엘 가운데에 알게 하여 다시는 내

거룩한 이름을 더럽히지 아니하게 하리니 내가 여호와 곧 이스라엘의 거룩한 자인 줄을 민족들이 알리라 하라(겔 39:7).

그러므로 주 여호와께서 이같이 말씀하셨느니라 내가 이제 내 거룩한 이름을 위하여 열심을 내어 야곱의 사로잡힌 자를 돌아오게 하며 이스라엘 온 족속에게 사랑을 베풀지라(겔 39:25).

내가 그들을 만민 중에서 돌아오게 하고 적국 중에서 모아 내어 많은 민족이 보는 데에서 그들로 말미암아 나의 거룩함을 나타낼 때라 전에는 내가 그들이 사로잡혀 여러 나라에 이르게 하였거니와 후에는 내가 그들을 모아 고국 땅으로 돌아오게 하고 그 한 사람도 이방에 남기지 아니하리니 그들이 내가 여호와 자기들의 하나님인 줄을 알리라(겔 39:27-28).

말씀 그대로라면 하나님께서 친히 선지자들의 입을 통해 선포하셨던 이스라엘을 향한 예언이 성취될 때, 하나님의 이름이 거룩히 여김을 받으시게 될 것이다. 이스라엘이 하나님 손에 보호되는 것을 열방이 볼 때 사람들은 하나님의 하나님 되심을 인정하게 될 것이다. 만일 하나님께서 이스라엘에 대한 예언을 성취하지 못하시거나 하지 않으신다면, 당신 스스로가 그 언약에 걸어 놓으신 거룩한 이름이 불명예를 얻게 된다. 그러므로 이스라엘의 운명은 하나님의 자존심이 걸린 문제다. 하나님은 자신의 거룩하신 이름을 걸고 이스라엘을 위해 역사하고 계신다.

이렇듯 하나님께서 이스라엘에 대한 언약의 말씀들을 성취하시는 것을 볼 때, 우리를 향한 약속도 반드시 이행하실 것이라는 확신을 갖게 된다. 우리들에 대한 말씀이 성취될 때 하나님의 하나님 되심은 온전히 인정되며 거룩한 이름은 영원히 찬미될 것이다.

복음서와 예수님이 직접 증거한다

예수님은 하나님의 아들(Son of God)이시며, 인자(Son of man)이시다. 인자로서의 정체성을 나타내실 때는 항상 유대인으로서의 모습을 드러내신다. 신약성경을 열 때마다 늘 지루하게 여겼던 예수 그리스도의 족보는 무슨 의미가 있는가? 다름 아닌, 복음서에서 예수님과 이스라엘의 연계성을 보여주는 구절들인 것이다. 마태복음에 나오는 아브라함과 다윗의 계보가 이스라엘의 존재를 증거한다.

> 아브라함과 다윗의 자손 예수 그리스도의 계보(A record of the genealogy of Jesus Christ the son of David, the son of Abraham)라 아브라함이 이삭을 낳고 이삭은 야곱을 낳고 야곱은 유다와 그의 형제들을 낳고 유다는 다말에게서 베레스와 세라를 낳고 베레스는 헤스론을 낳고 헤스론은 람을 낳고 람은 아미나답을 낳고 아미나답은 나손을 낳고 나손은 살몬을 낳고 살몬은 라합에게서 보아스를 낳고 보아스는 룻에게서 오벳을 낳고 오벳은 이새를 낳고 이새는 다윗 왕을 낳으니라 다윗은 우리야의 아내에게서 솔로몬을 낳고 솔로몬은 르호보암을 낳고 르호보암은 아비야를 낳고 아비야는 아사를 낳고 아사는 여호사밧을 낳고 여호사밧은 요람을 낳고 요람은 웃시야를 낳고 웃시야는 요담을 낳고 요담은 아하스를 낳고 아하스는 히스기야를 낳고 히스기야는 므낫세를 낳고 므낫세는 아몬을 낳고 아몬은 요시야를 낳고 바벨론으로 사로잡혀 갈 때에 요시야는 여고냐와 그의 형제들을 낳으니라 바벨론으로 사로잡혀 간 후에 여고냐는 스알디엘을 낳고 스알디엘은 스룹바벨을 낳고 스룹바벨은 아비훗을 낳고 아비훗은 엘리아김을 낳고 엘리아김은 아소르를 낳고 아소르는 사독을 낳고 사독은 아킴을 낳고

아킴은 엘리웃을 낳고 엘리웃은 엘르아살을 낳고 엘르아살은 맛단을 낳고 맛단은 야곱을 낳고 야곱은 마리아의 남편 요셉을 낳았으니 마리아에게서 그리스도라 칭하는 예수가 나시니라 그런즉 모든 대 수가 아브라함부터 다윗까지 열네 대요 다윗부터 바벨론으로 사로잡혀 갈 때까지 열네 대요 바벨론으로 사로잡혀 간 후부터 그리스도까지 열네 대더라(마 1:1-17).

이 구절보다 더 명확하게 예수 그리스도의 유대인으로서의 정체성을 나타내는 구절도 없을 것이다. 물론 몇 명의 이방인들도 포함되었지만 저자 마태가 의도하는 것은 예수님의 유대적 혈통을 보여 주는 것이다. 마태복음은 주로 유대인들을 대상으로 쓰여진 글이다. 유대인들을 돌이키게 하기 위해서 장황한 가계도를 초두부터 기록해 놓은 것이다. 실제로 이 가계도를 보고 많은 유대인들이 복음을 받아들이고 있다. 그가 이 땅에 오셔서 한 일이 무엇인가?

아들을 낳으리니 이름을 예수라 하라 이는 그가 자기 백성(his people)을 그들의 죄에서 구원할 자이심이라 하니라(마 1:21).

예수님은 우선 자기 이스라엘 백성을 구하러 오셨다. 이스라엘을 구원하실 때 이방인들의 구원자도 되실 수 있다. 마태복음 9장에서 소경이 소리지르는 말, 12장에서 눈 멀고 벙어리 된 자를 고치셨을 때 뛰쳐 나온 사람들의 감탄사, 15장의 귀신들려 고생하는 딸을 둔 가나안 여인의 외침, 20장의 여리고에 있던 소경 두 사람이 예수님을 향한 외침을 보면, 모두 '다윗의 자손(벤 다비드)'이었다. 만일 이스라엘이 거역한다고 하나님이 그들을 버리셨다면, 자기 백성도 구원하지 못할 메시아가 어떻게 이방인들을 구하시겠는가?

누가복음에서 예수님의 탄생을 사가랴에게 예고했던 천사는 '이스라엘 자손들'을 주님께 돌이키겠다고 했다(눅 1:16). 사가랴는 하나님께서 '그분의 백성'을 위해 구원을 행하셨기 때문에 찬양한다(눅 1:67-68). 이후에 세례 요한도 '이스라엘'에 나타나기까지 광야에서 지낸다(눅 1:80). 또한 마리아도 하나님께서 '그의 자녀 이스라엘'을 기억하사 자비를 베푸셨다고 고백한다(눅 1:54). 평생을 메시아가 오기를 고대했던 시므온이라는 선지자는 아기 예수님을 보고 다음과 같이 고백한다.

> 내 눈이 주의 구원을 보았사오니 이는 만민 앞에 예비하신 것이요 이방을 비추는 빛이요 주의 백성 이스라엘의 영광이니이다(Glory to your people Israel) 하니 그의 부모가 그에 대한 말들을 놀랍게 여기더라 시므온이 그들에게 축복하고 그의 어머니 마리아에게 말하여 이르되 보라 이는 이스라엘 중 많은 사람(Many in Israel)을 패하거나 흥하게 하며 비방을 받는 표적이 되기 위하여 세움을 받았고(눅 2:30-34).

예수님의 가르침 중에서도 이스라엘의 역할이 남아 있다는 근거를 찾아볼 수 있다. 사실 예수님이 이스라엘 땅이 회복되지 않을 것이라고 예견한 곳은 한 군데도 없다. 주님은 이스라엘에 대한 소명을 취소한 적이 없으시다. 제자들이 물을 때, 주님은 항상 땅의 이스라엘이 회복될 것처럼 말씀하셨고, 동시에 하늘나라가 임하는 것을 말씀하셨다.

> 내가 너희에게 이르노니 이제부터 너희는 찬송하리로다 주의 이름으로 오시는 이여 할 때까지 나를 보지 못하리라 하시니라(마 23:39).

주님은 유대인들이 메시아를 알아 보지 못해서 황폐해질 것이지만 그들이 찬송함으로 영접한다면 그때 다시 오시겠다고 하신다. 그리고 큰 환란을 통하여 이스라엘이 지리적으로 회복되고 영적으로 부흥을 경험하게 될 것이라고 하셨다. 이는 그 땅이 완전히 버림받고 잊혀지는 것이 아니라는 증거다. 이스라엘의 회복은 재림 때의 징조로서 역할을 하게 될 것이다.

> 그들이 칼날에 죽임을 당하며 모든 이방에 사로잡혀 가겠고 예루살렘은 이방인의 때가 차기까지 이방인들에게 밟히리라(눅 21:24).

이방인의 충만한 수가 차면 예루살렘은 더 이상 이방인들에게 밟히지 않게 될 것이다. 그때는 이스라엘 백성이 예수님을 메시아로 인정할 때이다. 다음 말씀은 분명히 주님이 육신을 입고 다시 오셨을 때 있게 될 지리적인 열두 지파를 명시하는 구절이다. 제자들을 위한 상급이 상징일 수 없으며, 실행치 못할 약속이라면 굳이 이런 종류의 축복을 할 필요가 없었다.

> 너희로 내 나라에 있어 내 상에서 먹고 마시며 또는 보좌에 앉아 이스라엘 열두 지파를 다스리게 하려 하노라(눅 22:30).

그 유명한 나다나엘의 신앙고백을 보라.

> 나다나엘이 대답하되 랍비여 당신은 하나님의 아들이시요 당신은 이스라엘의 임금이로소이다(요 1:49).

이 말에 대해 주님은 이스라엘의 왕이 아니라고 부인하시지 않으셨다.

예수님은 분명히 하나님의 아들이시다. 동시에 이스라엘의 임금이시다. 요한복음 2장 4절에는 예수님이 마리아에게 "…여자여 나와 무슨 상관이 있나이까 내 때가 아직 이르지 아니하였나이다."라고 하신다. "내 때"가 언제인가? 바로 육신을 입은 주님이 이 땅에 친히 오셔서 완전한 통치를 이루실 때이다.

예수님의 구원이 모든 이에게 적용된다는 사실과 구원 역사를 위한 유대 민족의 독특한 역할을 함께 언급한 내용을 찾아볼 수 있다. 예수님께서는 이방인 백부장에게 찾아가려 하셨고 그의 믿음을 칭찬하셨다(눅 7:1-10). 그에게 "…이스라엘 중에서도 이만한 믿음은 만나 보지 못하였노라……(눅 7:9)."하시면서 그를 이스라엘 사람들과 비교하신다. 한편 사마리아로 찾아가셔서 수가 성 여인에게 자신이 메시아임을 나타내시며 복음을 전하셨다(요 4:1-42). 그 여인에게 주님은 "…구원이 유대인에게서 남이니라(For salvation is from the Jews)(요 4:22)."고 하셨다. 예수님은 유대인으로서의 메시아 됨을 나타내 보이셨고 그들이 가진 언약과 말씀을 인정하셨다.

한 가나안 여인이 예수님께 은혜를 구하자, 예수님은 스스로를 일컬어 "…나는 이스라엘 집의 잃어버린 양 외에는 다른 데로 보내심을 받지 아니하였노라……."고 하셨다(마 15:24). 이 말씀은 논란이 많다. 과연 예수님께서 이스라엘 사람들에게만 복음을 전하러 오셨는가? 물론 아니다. 여인의 믿음을 시험하려는 의도가 다분하다. 하지만 예수님이 그 여인의 믿음을 시험하려는 의도였다고만 보는 것은 절반의 정답이다. 왜냐하면 여인의 믿음을 테스트하시는 방법으로 거짓말을 할 필요는 없기 때문이다. 구원은 이방인에게도 차별이 없다. 그러나 구원 사역의 경륜에 있어서는 우선 민족적 이스라엘에게 자신을 나타내시려는 예수님의 마음이 드러난다.

사도행전과 서신서에서 증거한다

사도행전

사도행전에는 복음이 유대에서 시작하여 어떻게 이방으로 퍼져 나가는지 그 과정들이 잘 기록되어 있다. 사도행전에서 이스라엘에 대한 언급들을 살펴보면 항상 언약의 성취의 관점에서 접근한다. 제자들은 메시아를 언급하기 위해 언제나 구약성경(타나크)을 인용했다. 그들은 아브라함과 모세와 선지자들의 미래적 소망을 바라보았다. 선조들의 약속이 그리스도로 실현되었다면 그 나머지 말씀들도 이루어질 것이라고 보아야 한다. 이방인들이 이스라엘을 대체했다는 개념은 찾아볼 수 없다.

베드로

이스라엘 민족에 대한 베드로의 설교를 보면 그의 중심을 잘 알 수 있다.

> 그런즉 이스라엘 온 집(KJV, All the house of Israel)은 확실히 알지니 너희가 십자가에 못 박은 이 예수를 하나님이 주와 그리스도가 되게 하셨느니라 하니라 그들이 이 말을 듣고 마음에 찔려 베드로와 다른 사도들에게 물어 이르되 형제들아 우리가 어찌할꼬 하거늘 베드로가 이르되 너희가 회개하여 각각 예수 그리스도의 이름으로 세례를 받고 죄 사함을 받으라 그리하면 성령의 선물을 받으리니(행 2:36-38).

베드로는 이스라엘 족속에게 우선 복음을 전했으며, 유대인들은 회개함으로 그 날에 제자의 수가 삼 천이나 되었으며 날마다 구원 받은 사람이 더하였다(행 2:43-47). 베드로는 이스라엘 사람들을 다음과 같이 지칭한다.

> 너희는 선지자들의 자손(Heirs of the prophets)이요 또 하나님이 너희 조상과 더불어 세우신 언약의 자손(Heirs of the covenant of God)이라 아브라함에게 이르시기를 땅 위의 모든 족속이 너의 씨로 말미암아 복을 받으리라 하셨으니 하나님이 그 종을 세워 복 주시려고 너희에게 먼저 보내사 너희로 하여금 돌이켜 각각 그 악함을 버리게 하셨느니라(행 3:25-26).

베드로는 하나님이 유대인들의 조상에게 주신 열방의 복이 될 것이라는 언약을 상기시키면서 아브라함의 씨, 즉 메시아를 유대인에게 먼저 보내셔서 악함을 버리게 하셨다고 선포한다. 사도행전 5장 31절에서는 이스라엘로 회개케 하사 죄사함을 얻게 하시려고(He might give repentance and forgiveness of sins to Israel) 그를 오른손으로 높이사 임금과 구주를 삼으셨다고 선포하면서 이스라엘의 궁극적인 회개를 바라고 있다.

야고보

예루살렘 공의회에서 야고보는 이스라엘과 열방을 위한 하나님의 구원의 경륜을 다음과 같이 자세히 설명하고 있다.

> 이 후에 내가 돌아와서 다윗의 무너진 장막(KJV, Tebernacle of David)을 다시 지으며 또 그 허물어진 것을 다시 지어 일으키리니 이는 그 남은 사람들과 내 이름으로 일컬음을 받는 모든 이방인들로 주를 찾게 하려 함이라 하셨으니(행 15:16-17).

이 말씀은 "다윗의 무너진 장막", 즉 이스라엘이 회복될 것을 예견한다. 이스라엘이 영적으로 회복될 때 남은 자들이 돌아오고 믿는 열방의 백성이 주를 찾는 큰 부흥이 올 것이라는 말이다. 이 구절은 그 어떤 대체 개념도 사용할 수 없는 명백한 말씀이다. 다윗을 유대인 다윗이 아닌 어떤 사람으로, 무너진 장막의 회복을 이스라엘이 아닌 다른 나라의 회복으로 절대 해석할 수 없을 것이다. 아모스에 나오는 병행 본문을 보면 더 뚜렷해진다.

> 그 날에 내가 다윗의 무너진 장막(Tebernacle of David)을 일으키고 그것들의 틈을 막으며 그 허물어진 것을 일으켜서 옛적과 같이 세우고 그들이 에돔의 남은 자와 내 이름으로 일컫는 만국을 기업으로 얻게 하리라 이 일을 행하시는 여호와의 말씀이니라(암 9:11-12).
> 여호와의 말씀이니라 보라 날이 이를지라 그때에 파종하는 자가 곡식 추수하는 자의 뒤를 이으며 포도를 밟는 자가 씨 뿌리는 자의 뒤를 이으며 산들은 단 포도주를 흘리며 작은 산들은 녹으리라 내가 내 백성 이스라엘이 사로잡힌 것을 돌이키리니(I will bring back my exiled people Israel) 그들이 황폐한 성읍을 건축하여 거주하며 포도원들을 가꾸고 그 포도주를 마시며 과원들을 만들고 그 열매를 먹으리라 내가 그들을 그들의 땅에 심으리니(I will plant Israel in their own land) 그들이 내가 준 땅(The land I have given them)에서 다시 뽑히지 아니하리라 네 하나님 여호와의 말씀이니라(암 9:13-15).

다윗의 무너진 천막이 다시 세워질 때, 즉 이스라엘이 회복될 때, "에돔의 남은 자들"도 돌아올 것이라고 예언한다. 성경에서 이스라엘에게 가장 위협적이었던 에돔의 남은 자가 돌아온다는 말은 주변 민족인 아랍, 이슬람 국가들이 돌아온다는 내용으로 말한다고 볼 수 있다. 역사상 한 번도 아랍 민족들이 대규모로 이스라엘의 여호와께 돌아온 적이 없었다. 그러나 지금 우리들은 중동 지역에 경이로운 복음 역사의 광경을 목도하고 있다. 이스라엘의 회복과 아랍을 포함한 열방의 대규모 부흥은 다분히 종말론적인 사건이다. 이스라엘이 사라지는 것이 아니라 민족적으로, 영적으로 회복될 그때 이방에 큰 부흥이 오게 될 것이다.

바울

다음으로 이스라엘의 정체성은 사도 바울의 부르심에서 확인된다. 주님은 바울로 하여금 이방인과 동시에 이스라엘 자손에게 복음을 전하게 하셨다.

> 주께서 이르시되 가라 이 사람은 내 이름을 이방인(Gentiles)과 임금들과 이스라엘 자손들(People of God)에게 전하기 위하여 택한 나의 그릇이라 (행 9:15).

> 이스라엘과 이방인들에게서 내가 너를 구원하여 그들에게 보내어(I will rescue you from your own people and from the Gentiles. I am sending you to them) (행 26:17).

> 곧 그리스도가 고난을 받으실 것과 죽은 자 가운데서 먼저 다시 살아나사 이스라엘과 이방인들에게(His own people and to the Gentiles) 빛을 전하시리라 함이니이다 하니라(행 26:23).

바울은 사도행전 13장 23절에서, "하나님이 약속하신 대로 이 사람의 후손에서 이스라엘을 위하여 구주를 세우셨으니 곧 예수라(God has brought to Israel the Savior Jesus)". 32-33절에서는, "우리도 조상들에게 주신 약속을 너희에게 전파하노니 곧 하나님이 예수를 일으키사 우리 자녀들에게 이 약속을 이루게 하셨다 함이라 시편 둘째 편에 기록한 바와 같이 너는 내 아들이라 오늘 너를 낳았다 하셨고."라고 설교한다. 그는 이스라엘에게 주신 고유한 약속이 예수 그리스도 안에서 성취되고, 그 그리스도는 이스라엘을 먼저 구속할 자이심을 밝힘으로써 구원 역사의 원리를 설명한다.

사도 바울 자신에 대한 변호가 가장 빈번히 등장하는 장면이 로마로 이송되기 전에 권력자들 앞에서 나타난다. 그는 벨릭스 앞에서 조상의 하나님을 섬기고 율법과 선지자들의 글을 다 믿었다고 고백하였다(행 24:14, I believe everything that agrees with the Law and that is written in the Prophets.). 베스도 앞에서는 유대인의 율법이나 성전이나 가이사에게나 내가 도무지 죄를 범하지 아니하였다고 변호했다(행 25:8, I have done nothing wrong against the Law of the Jews).

바울은 율법을 폐하거나 모세와 선지자의 글을 거부하지 않았다. 이스라엘이 완전히 버려졌다고 바울이 믿었다면, 이스라엘에 대한 모세와 선지자의 글을 어떻게 해석해야 했겠는가? 예수님과 바울이 한결같이 모세와 선지자들이 예언한 이스라엘에 대한 운명을 믿었다는 것은 의심의 여지가 없다.

특히 사도행전 26장은 바울이 아그립바 앞에서 변론하는 장면인데 이것은 이스라엘에 대한 바울의 최후 진술이나 다름없다. 이 변증 이후 로마로 후송되기 때문에 사도행전에 기록된 설교 중에서는 가장 나중의 것이다. 그러므로 로마서나 갈라디아서 등에서 논란이 많음에도 이스라엘에 관한 바울의 최후 변증은 모든 논쟁을 종식시키게 한다. 스스로 유대인으로서의 민족성과 율법을 엄격하게 지킨 바울의 증언을 들어보라.

> 이제도 여기 서서 심문 받는 것은 하나님이 우리 조상에게 약속하신 것 (What God has promised our fathers)을 바라는 까닭이니 이 약속은 우리 열두 지파(Our twelve tribes)가 밤낮으로 간절히 하나님을 받들어 섬김으로 얻기를 바라는 바인데 아그립바 왕이여 이 소망으로 말미암아 내가 유대인들에게 고소를 당하는 것이니이다(행 26:6-7).

바울은 아브라함 및 족장들에게 주셨던 하나님의 언약을 상기시키고 있다. 그리고 이스라엘 열두 지파는 그것이 이루어지기를 하나님께 간절히 바란다고 강조했다. 그것의 결과가 바로 예수 그리스도의 복음이라고 하는 것이다. 이스라엘 조상에게 주어진 약속과 열두 지파가 간절히 얻기를 원하는 것이 실패로 돌아가서는 안 될 것이다.

바울이 모세와 선지자의 글을 얼마나 소중하게 생각했는지는 다음 구절들에서도 발견된다. 26장 22절에서 바울은 선지자들의 글과 모세의 글이 반드시 응하게 될 것이라는 사실 밖에는 전한 것이 없다고 선언한다(I am saying nothing beyond what the prophets and Moses said). 바울은 로마에서 자기 일생의 마지막을 맞이하는 순간까지 유대인으로서의 정체성을 부인하지 않았으며, 그리스도로 완성되는 모세의 율법과 선지자의 글을 전했다.

> 사흘 후에 바울이 유대인 중 높은 사람들을 청하여 그들이 모인 후에 이르되 여러분 형제들아 내가 이스라엘 백성(People of God)이나 우리 조상의 관습(Customs of our ancestors)을 배척한 일이 없는데 예루살렘에서 로마인의 손에 죄수로 내준 바 되었으니(행 28:17).

> 그들이 날짜를 정하고 그가 유숙하는 집에 많이 오니 바울이 아침부터 저
> 녁까지 강론하여 하나님의 나라(Kingdom of God)를 증언하고 모세의 율법
> (Law of Moses)과 선지자의 말(The Prophets)을 가지고 예수에 대하여 권하더
> 라(행 28:23).

베드로와 바울과 야고보 등 초대 교회의 지도자들은 결코 이스라엘이 교회로 대체되었거나 아브라함과 조상들에게 주어졌던 언약들이 파기되었다고 하지 않았다. 아브라함과 조상들에게 주신 언약과 모세와 선지자들의 말씀을 하나님께로부터 온 것으로 굳게 믿었을 뿐 아니라 이스라엘의 소명은 아직 끝나지 않았으며, 이제 예수 그리스도께서 이스라엘의 구원자로 오셨다고 선언하고 있다.

히브리서

히브리서는 구약을 가장 많이 이용한 서신 중에 하나이다. 이 서신의 저자는 알지 못한다. 수신 대상은 흩어져 있는 믿는 히브리인들이며, 목적은 예수 그리스도에 대한 그들의 믿음이 떨어지지 않고 믿음의 경주를 다할 것에 대해 격려하기 위함이다.

그간 우리는 '새 언약(New covenant)'이라 할 때 옛 언약인 율법은 신약 시대에 와서는 소용없게 되었다고 치부해 버리곤 했다. 새 언약을 쉽게 '신약성경'이라고 생각하기도 한다. 그런데 정작 신약성경의 기자인 히브리서 저자는 새 언약에 대해서 뜻밖의 설명을 한다. 히브리서는 다시금 이스라엘에 대한 하나님의 언약의 확증을 보여 준다. 8장에서는 새 언약에 대한 명확한 개념을 설명해 주고 있다.

그들의 잘못을 지적하여 말씀하시되 주께서 이르시되 볼지어다 날이 이르리니 내가 이스라엘 집(The house of Israel)과 유다 집(The house of Judah)과 더불어 새 언약(New covenant)을 맺으리라 또 주께서 이르시기를 이 언약은 내가 그들의 열조의 손을 잡고 애굽 땅에서 인도하여 내던 날에 그들과 맺은 언약과 같지 아니하도다 그들은 내 언약 안에 머물러 있지 아니하므로 내가 그들을 돌보지 아니하였노라 또 주께서 이르시되 그 날 후에 내가 이스라엘 집과 맺을 언약은 이것이니 내 법을 그들의 생각에 두고 그들의 마음에 이것을 기록하리라 나는 그들에게 하나님이 되고 그들은 내게 백성이 되리라 또 각각 자기 나라 사람과 각각 자기 형제를 가르쳐 이르기를 주를 알라 하지 아니할 것은 그들이 작은 자로부터 큰 자까지 다 나를 앎이라 내가 그들의 불의를 긍휼히 여기고 그들의 죄를 다시 기억하지 아니하리라 하셨느니라(히 8:8-12).

이 개념이 중요하기에 히브리서 기자는 10장에서 이 내용을 다시 한 번 반복한다.

주께서 이르시되 그 날 후로는 그들과 맺을 언약이 이것이라 하시고 내 법을 그들의 마음에 두고 그들의 생각에 기록하리라 하신 후에 또 그들의 죄와 그들의 불법을 내가 다시 기억하지 아니하리라 하셨으니(히 10:16-17).

이 말씀은 예레미야에서 인용한 것이다.

여호와의 말씀이니라 보라 날이 이르리니 내가 이스라엘 집과 유다 집에 새 언약을 맺으리라 이 언약은 내가 그들의 조상들의 손을 잡고 애굽 땅에

서 인도하여 내던 날에 맺은 것과 같지 아니할 것은 내가 그들의 남편이
되었어도 그들이 내 언약을 깨뜨렸음이라 여호와의 말씀이니라 그러나 그
날 후에 내가 이스라엘 집과 맺을 언약은 이러하니 곧 내가 나의 법을 그
들의 속에 두며 그들의 마음에 기록하여 나는 그들의 하나님이 되고 그들
은 내 백성이 될 것이라 여호와의 말씀이니라(렘 31:31-33).

새 언약은 단순히 '신약성경'이 아니라 이스라엘과 유다의 집에 새롭게
세우신 언약이다(The covenant with the house of Israel and Judah). 그것은 자신을 희생
물로 드리심으로써 단번에 성소에 들어갈 수 있게 하신 새 언약의 중보자
가 되신 예수님을 말한다(히 9:12, 15). 이제 예수님께서 오셔서 다시금 이스
라엘과 유다 집을 새롭게 하시는 것이다. 다시 예레미야로 돌아가서 원문
의 의미를 살펴보자.

이 언약은 내가 그들의 조상들의 손을 잡고 애굽 땅에서 인도하여 내던 날
에 맺은 것과 같지 아니할 것은 내가 그들의 남편이 되었어도 그들이 내
언약을 깨뜨렸음이라 여호와의 말씀이니라(렘 31:32).

이스라엘에 대한 언약이 취소되었는지에 대한 답변을 본문은 해 주고
있다. 원래 이스라엘에게 주신 언약을 그들은 파기하였을지라도 하나님께
서는 이스라엘을 버리거나 교회로 대체한 것이 아니다. 이제 하나님께서는
자신의 법을 돌판이 아니라 이스라엘 심령 속에 두고, 그 마음에 기록하여
끝내는 이스라엘의 하나님이 되시고, 그들은 하나님의 백성이 되게 할 것
이다. 다음 구절은 이 규정이 결코 변하지 않을 것이라는 단언이다.

여호와께서 이와 같이 말씀하셨느니라 그는 해를 낮의 빛으로 주셨고 달과 별들을 밤의 빛으로 정하였고 바다를 뒤흔들어 그 파도로 소리치게 하나니 그의 이름은 만군의 여호와니라 이 법도가 내 앞에서 폐할진대 이스라엘 자손도 내 앞에서 끊어져 영원히 나라가 되지 못하리라 여호와의 말씀이니라 여호와께서 이와 같이 말씀하시니라 위에 있는 하늘을 측량할 수 있으며 밑에 있는 땅의 기초를 탐지할 수 있다면 내가 이스라엘 자손이 행한 모든 일로 말미암아 그들을 다 버리리라 여호와의 말씀이니라 (렘 31:35-37).

이스라엘을 향한 하나님의 구원의 열심을 이보다 극적으로 그린 구절은 없을 것이다. 이스라엘을 부르신 하나님이 실제적인 이스라엘 땅 가운데서 성령으로 구속의 일을 행하실 때, 열방은 자신들에게 임할 새 언약의 성취를 기대하게 될 것이다. 만일 이스라엘의 정체성이 사라져 버린다면 새 언약의 중보이신 예수님의 정체성마저 사라져 버릴 것이다.

일차적인 수신자가 히브리인들이며 민족적, 역사적 이스라엘에게 선지자의 입으로 통해 약속하신 위의 말씀은 이스라엘이 교회로 대체되지 않았음을 보여 준다. 그것이 아니라면 히브리서 전체의 주제를 잃어버리고 만다. 에레미야의 말씀이 실제적으로 유대인들 가운데 이루어질 때에야 비로소 예수님의 새 언약의 중보 사역은 이방을 포함할 수 있을 것이다. 새 언약을 주시기로 작정하신 민족을 회복하지 않으신다면, 그 어떤 다른 민족도 긍휼의 반열에 들어올 자격이 없을 것이다.

예수님의 초림이 구약에서 예언한 대로 성취되었다

주님은 구약성경이 예언한 대로 오셨다. 예수님이 언약의 성취로 오셨기 때문에 구약이 폐하여지지 않았음을 스스로 증명하셨다. 구약에 예언된 방법대로, 예언된 곳에 오셔서 예언된 삶과 사역을 감당하셨다.

> 내가 율법이나 선지자(The Law of Moses and the Prophets)를 폐하러 온 줄로
> 생각하지 말라 폐하러 온 것이 아니요 완전하게 하려 함이라 진실로 너희
> 에게 이르노니 천지가 없어지기 전에는 율법의 일점 일획도 결코 없어지
> 지 아니하고 다 이루리라(마 5:17-18).

> 또 이르시되 내가 너희와 함께 있을 때에 너희에게 말한 바 곧 모세의 율
> 법과 선지자의 글과 시편(In the Law of Moses, the Prophets and the Psalms)에 나
> 를 가리켜 기록된 모든 것이 이루어져야 하리라 한 말이 이것이라 하시고
> (눅 24:44).

주님이 모세와 선지자들의 글을 성취하러 오셨기 때문에 구약 시대가 끝나면서 이스라엘의 운명이 다했다고 말하는 것은 틀린 말이다. 구약에 나타난 예수님의 초림에 대한 예언의 성취를 믿는 자라면, 이스라엘에 대한 예언의 말씀들도 믿어야 할 것이다. 메시아에 대한 예언만 문자적으로 보고, 이스라엘에 대한 말씀들은 상징으로 보는 것은 논리적으로 납득하기 어렵다.

일반적으로 예수님이 태어나시면서 소위 '율법 시대'가 지나가고 '은혜 시대'로 전환되었다고 생각한다. 이원론적인 구분처럼 보이는 그 용어는

많은 오해의 소지들을 내포하고 있다.

첫째, 구약은 모두 폐지되어야 할 율법적인 것이고, 신약은 율법과 상관 없이 은혜로만 충만한 시대인 것으로 보이기 쉽다. 구약의 하나님은 엄격 하신 율법적 하나님이시고, 신약의 하나님은 은혜로우신 사랑의 하나님이 라는 편견을 갖게 한다. 이런 생각은 성부와 성자와 성령의 성품을 분리시 키는 우를 범한다.

둘째, 율법 시대인 구약이 폐지되면서 그에 따른 이스라엘의 시대도 지 나갔고, 신약은 그리스도를 믿게 된 완전히 다르고 새로운 교회의 시대라 는 느낌을 갖게 한다. 예수님의 초림에 대한 계시만 성취되어야 하고, 다른 말씀들은 취소되는 것이 당연한 일인가? 예수님이 탄생하시면서 이스라엘 이 교회로 대체되었다고 하는 가정은 잘못된 것이다. 이스라엘과 관련된 구약의 예언들이 이루어져야만 그리스도의 남은 사역들도 다 이루어지는 것이다.

월터 카이저(Walter C. Kaiser Jr.) 박사는 유대인으로 오신 초림 예수 그리스 도의 예언 성취를 증명하기 위해 『구약에 나타난 메시아(*The Messiah in the Old Testament*)』라는 책에서 구약에 약속된 메시아 관련 본문 65개를 소개하였다.

그중 몇 가지를 소개하면 다음과 같다. 메시아의 동정녀 탄생의 예언(사 7:14), 메시아의 길을 예비함에 대하여(사 40:3-5; 말 3:1, 4:5), 메시아의 예루살렘 입성(시 118:25-26; 슥 9:9-10), 메시아의 거절당함(시 69:25, 109:8), 메시아의 고난(시 22:1, 7, 69:21, 109:25; 사 50:4-9, 53:6-12; 슥 12:10), 메시아의 부활(시 16:10), 메시아의 직무(신 18:15-19; 삼상 2:35; 시 2:6) 등이다.

예수 그리스도께서 유대인의 모습으로 탄생하시고, 성장하시고, 사역하 시고, 죽으시고 부활하신 사건이 구약성경에 정확하게 예견되어 있었다. 주님은 그 말씀을 성취하기 위해 주님은 성육신하신 것이다. 그의 사역을 위한 활동 무대 또한 예언되어 있었는데 그것은 이스라엘 땅이었다. 만일 구약 어느 시대에 이스라엘이 버림받았다고 가정한다면 메시아인 예수님은 버림받은 땅으로 오신 것이다. 이스라엘이은 그 명분을 상실했는데 메시아가 무슨 이유로 그 땅에 오셨다는 말인가?

하나님께서 그 땅과 백성을 진실로 버리셨다면 이스라엘에 나신 초림 예수님은 이미 패망한 국가의 유명무실한 제왕일 뿐이었다. 이미 멸망한 나라에 메시아를 보내신 이유가 있겠는가? 대체 사상은 이스라엘의 하나님 여호와를 실패자로 낙인찍는 것이나 마찬가지이다.

복음서에 기록된 초림 이후의 사건들을 보자. 구약 선지자들이 예언한 대로 예수님께서는 여전히 약속이 남아 있는 나라에 임금으로 오셨다. 그 약속을 성취하러 모든 일을 행하셨다. 예수님 당시 메시아를 영접하고 따르던 수많은 유대인 무리들이 있었다. 대체 사상은 유대인들이 메시아를 모두 저버리고 거부했기 때문에 이스라엘이 버림받았다고 믿지만, 십자가 처형 자리까지 따라가고 빈 무덤에 찾아간 유대인들도 있었음을 기억하라. 뿐만 아니라 불에 혀같이 갈라지는 성령의 충만함을 받고 복음의 증거자가 된 수많은 사람들도 유대인들이었으며, 승천을 지켜보았던 오백여 형제들도 대부분 유대인들이었다.

뿐만 아니라 초대 유대 교회에는 제자들의 수가 크게 더해졌다. 그 당시 로마의 핍박에도 스데반과 더불어 순교를 무릅쓰고 신앙을 지켰던 초대 교회의 성도들이 있었다. 성경을 기록한 저자들의 대부분은 유대인들이었고, 열방에 복음을 전해 준 초기 선교사들도 유대인들이었다. 믿는 유대인들은 남은 자들이었으며, 제사장 나라로서 이스라엘의 소명을 이어간 자들이었다. 예수님은 이스라엘 땅에 나심으로써 그 민족에게 새 언약을 베푸셨고 선지자들의 소망을 저버리지 않으셨다.

주님은 가신 모습 그대로 다시 오신다

초림의 사건이 언약의 성취를 확증할 수 있는 것이었다면, 두 번째 성육신(The second incarnation)인 재림(The second coming)의 사건을 보면 이스라엘의 운명을 더욱 분명히 알 수 있다. 재림은 성경에 기록된 언약 중 절정이라고 할 수 있다. 놀라운 것은 성경에는 초림보다 재림에 관한 말씀이 훨씬 많다는 사실이다. 재림과 관련된 사건들이 일어날 주무대는 어디가 될 것인가? 만일 이스라엘이 버림받아서 더 이상 이스라엘이 될 수 없다면, 믿는 성도가 가장 많거나 열렬히 환영할 만한 어떤 나라와 국민이 그 대상이 되어야 할 것이다. 하지만 성경은 재림도 동일하게 이스라엘 땅을 중심으로 펼쳐진다고 말한다. 메시아의 초림이 문자적으로 이뤄졌듯이, 재림 또한 예언에 기록된 대로 성취될 것이다. 재림 때의 메시아의 모습을 단적으로 표현한 구절이 사도행전에 나온다.

> 이르되 갈릴리 사람들아 어찌하여 서서 하늘을 쳐다보느냐 너희 가운데서 하늘로 올려지신 이 예수는 하늘로 가심을 본 그대로 오시리라(This same Jesus, who has been taken from you into heaven, will come back in the same way you have seen him go into heaven) 하였느니라(행 1:11).

천사가 남긴 이 짧은 메시지는 예수님의 재림과 이스라엘에 대한 이해에 결정적인 단서를 제공해 준다. 우선 "가심을 본 그대로 오시리라(KJV. This same Jesus……shall so come in like manner as ye have seen him go into heaven)."라는 말이 나온 배경을 보자. 사도행전 1장에는 주님의 승천 사건이 나온다. 주님은 부활 후 40일간 하나님의 나라에 대해서 말씀하셨다(행 1:3). 분명히 주님은 제자들에게 이전에 가르쳤던 말씀에 대한 설명과 더불어 재림하실 때 이루어질 하나님의 나라에 대해 말씀하셨을 것이다.

하나님의 나라에 대해 가르침을 받은 사람들은 이스라엘 나라의 회복을 소망했고 그때가 언제인지를 알고 싶어 했다. 다른 주제가 아니라 '하나님의 나라'에 대한 말씀을 들은 사람들이 '이스라엘 나라'의 회복에 대해서도 궁금해하는 것은 당연한 일이었다. 주님이 지상에서 남긴 마지막 유언에서 이스라엘이 버림받았다거나 하나님의 나라와 이스라엘이 아무런 상관이 없다고 말하지 않으셨다. 주님의 나라가 단지 영적인 세계에만 속한 것이었다면 사람들은 이스라엘 땅에 대해 물어보지 않았을 것이다.

> 그들이 모였을 때에 예수께 여쭈어 이르되 주께서 이스라엘 나라를 회복하심(to restore the kingdom to Israel)이 이때니이까 하니 이르시되 때와 시기는 아버지께서 자기의 권한에 두셨으니 너희가 알 바 아니요(행 1:6-7).

이스라엘 나라가 회복될 것에 대해 묻는 제자들에게 주님은 '때'와 '기한'은 아버지께서만 아신다고 대답하시면서 너희는 성령이 임하시면 내 증인이 되리라고 하셨다. 주님의 대답을 주의 깊게 보라. 이스라엘 나라가 회복될 것에 대해 '아니오'로 대답한 것이 아니라, 그때와 기한은 아버지께서만 아신다고 하셨다. 즉 이스라엘이 나라로 회복될 것에 대해 부정하지 않으셨고 다만 시기가 문제라고 말씀하셨다.

결국 주님도 이스라엘 나라가 완전히 회복된 것을 보지 못하고 하늘로 올리우셨다. 그 상황을 쉽게 묘사하면 이와 같다. "내가 너희들에게 하나님의 나라에 대해 많이 이야기했다. 잘 기억해 두어라. 내가 오면 하나님의 나라가 임하고 내가 주(Lord)로 올 때에 이스라엘 나라가 회복되고 나를 영접하게 될 것이다. 그리고 열방이 내가 이스라엘의 왕임을 보게 될 것이다. 그때는 하나님 아버지만이 아신다. 그때까지 너희들은 성령을 충만히 받고 땅끝까지 이르러 내 증인이 되어라."

주님이 가심을 본 그대로 다시 오신다는 말은 가실 때의 모습으로, 가신 곳으로, 가신 방법으로 다시 오신다는 의미이다. 이 말은 예수님과 이스라엘의 관계에 대한 결정적인 단서가 된다. 만일 예수님 당시에 메시아를 영접하지 않은 죄로 인해 이스라엘이 영원히 버림받았다고 가정하더라도, 천만분의 일에 있어서 그것이 사실이라 할지라도, 예수님의 마지막 이 선언에 의해서 깨어지고 만다. 예수님은 하늘로 가심을 본 그대로 오실 것이다.

예수님은 유대인의 모습으로, 이스라엘 땅으로, 유대 전통 복장을 하고 오실 것이다. 이는 예수님이 유대적 인성을 그대로 소유하고 계신다는 말이다. 이스라엘 땅으로 다시 오신다는 말은 이스라엘 나라에 대해 하실 일이 아직 남아 있다는 뜻이다. 예수 그리스도께서는 인자(Son of Man)로서, 하나님의 아들(Son of God)로서, 아브라함과 다윗의 후손으로서, 이스라엘과 열방의 왕으로서 왕권을 취하러 다시 오실 것이다.

> 내가 보니 왕좌가 놓이고 옛적부터 항상 계신 이가 좌정하셨는데 그의 옷은 희기가 눈 같고 그의 머리털은 깨끗한 양의 털 같고 그의 보좌는 불꽃이요 그의 바퀴는 타오르는 불이며 불이 강처럼 흘러 그의 앞에서 나오며 그를 섬기는 자는 천천이요 그 앞에서 모셔 선 자는 만만이며 심판을 베푸는데 책들이 펴 놓였더라(단 7:9-10).

> 촛대 사이에 인자 같은 이가 발에 끌리는 옷을 입고 가슴에 금띠를 띠고 그의 머리와 털의 희기가 흰 양털 같고 눈 같으며 그의 눈은 불꽃 같고 그

의 발은 풀무불에 단련한 빛난 주석 같고 그의 음성은 많은 물 소리와 같으며 그의 오른손에 일곱 별이 있고 그의 입에서 좌우에 날선 검이 나오고 그 얼굴은 해가 힘있게 비치는 것 같더라(계 1:13-16).

주님은 유대인의 인성을 지니시고, 하나님의 형상을 가지시고, 영광 중에 오실 것이다. 선지자들은 주님의 초림뿐 아니라, 재림에 대해서도 무수히 많은 기록을 남기고 있다. 선지자들이 예언을 할 당시에는 분명히 대상이 있었다. 그 대상은 실제적인 나라였고 그 내용은 실제로 이루어졌다. 그렇다면 미래적인 예언도 문자대로 이루어져야 한다. 이미 이루어진 과거의 예언은 문자적으로 해석하고, 아직 성취되지 않은 미래 예언은 상징적으로 취급하고 만다면 모순이 아니겠는가?

그 날에 그의 발이 예루살렘 앞 곧 동쪽 감람 산에 서실 것이요 감람 산은 그 한 가운데가 동서로 갈라져 매우 큰 골짜기가 되어서 산 절반은 북으로, 절반은 남으로 옮기고 그 산 골짜기는 아셀까지 이를지라 너희가 그 산 골짜기로 도망하되 유다 왕 웃시야 때에 지진을 피하여 도망하던 것 같이 하리라 나의 하나님 여호와께서 임하실 것이요 모든 거룩한 자들이 주와 함께 하리라(슥 14:4-5).

스가랴는 그날에 모든 거룩한 자가 주와 함께 할 것이라고 했다. 주님이 다시 오신다는 구절은 문자 그대로 믿을 것이다. 그렇다면 예수님께서 오시는 방법이나 통치하시는 장소는 문자적으로 볼 수 없는가? 만일 이스라엘이 완전히 버림받았고 지도상에서 사라져 버렸다면, 주님이 오실 새로운 장소가 있어야 한다. 그러나 성경에는 메시아가 다른 어떤 나라나 도시로 오신다고 예언하지 않는다. 만일 하나님 아버지가 이스라엘을 버리셨다면 자신의 계획 또한 바꾸셨을 것이고, 그 장소는 성경에 기록되어 있어야 할 것이다. 이 모순은 대체신학의 최대 난제 중의 하나이다.

누가복음 19장에는 초림 당시 예수님의 예루살렘 입성 장면이 잘 묘사되어 있다.

> 이미 감람 산 내리막길에 가까이 오시매 제자의 온 무리가 자기들이 본 바 모든 능한 일로 인하여 기뻐하며 큰 소리로 하나님을 찬양하여 이르되 찬송하리로다 주의 이름으로 오시는 왕이여 하늘에는 평화요 가장 높은 곳에는 영광이로다 하니(눅 19:37-38).

이 장면은 실제로는 시편에서 예언된 말씀의 성취이다.

> 여호와의 이름으로 오는 자가 복이 있음이여 우리가 여호와의 집에서 너희를 축복하였도다(시 11:26).

초림 때는 아이들을 비롯한 소수가 예수님을 메시아로 맞이했지만, 재림 때 예수님은 유대인들과 모든 민족의 환영을 받으며 온 땅의 진정한 왕으로서 훨씬 영광스럽게 예루살렘 성에 입성하실 것이다.

초림이 예언대로 성취된 것처럼 재림도 그와 같이 성취될 것이다. 초림이 모두 문자적으로 성취된 것같이 재림도 문자적으로 성취될 것이다. 예수님이 오시기 전에 수많은 징조가 나타날 것이다(마 24; 막 13장; 눅 21장). 주님은 구름을 타시고 나팔이 불릴 때 오실 것이다(고전 15:51-52). 그때에 참 성도들은 공중에서 주님을 만나게 될 것이다(살전 4:16-17). 첫 부활에 참여한 자들이 그리스도와 함께 천 년간 다스리게 될 것이다(계 20:4-5). 천 년이 지난 이후 새 하늘과 새 땅의 영원한 천국이 이루어질 것이다(계 21장). 그리스도의 초림 때처럼 재림에 대한 계획도 취소되거나 변질되지 않았다. 이스라엘에 대한 하나님의 경륜을 알면 알수록 예수님의 재림에 대한 이해가 선명해질 것이다.

하나님께서 아들이신 예수 그리스도를 유대인의 모습으로 이 땅에 다시 오시게 하기 위해 이스라엘에 대한 당신의 계획을 실행하실 때, 하나님의 뜻이 이 땅 위에 온전히 이루어지게 될 것이다. 이것을 행하시는 하나님은 아브라함과 이삭과 야곱에게 언약을 맺으신 하나님이시며, 끝까지 신실하신 분이시며, 약속한 말씀을 지키시는 분이시다. 주님은 이스라엘 나라가 다시 서게 될 것을 부정하지 않으셨다. 그때와 기한은 모르지만 하나님의 나라가 완성될 때, 즉 재림의 때에 이르러 지리적이고 역사적인 이스라엘이 부상하여 실제로 오시는 메시아를 맞이하며 역사는 마무리될 것이다.

예수님이 자신을 유대인의 왕으로 묘사하기 때문이다

복음서에 보면 예수님께서 '목자, 구원자, 양의 문, 하늘 양식' 등 여러 모습으로 자신을 소개하신다. 그런데 스스로를 "유대인의 왕"으로 선언하신 것을 우리는 잘 인식하지 못할 때가 있다. 복음서에는 여러 곳에서 주님을 유대인의 왕으로 표현하고 있다. 탄생을 축하하러 온 사람들과 천사들에게서 뿐만 아니라, 예수님은 심문을 당하는 장면에서도 유대인의 왕이냐는 질문에 동의하심으로 자신이 유대인의 왕이심을 인정하셨다. 이 선언은 유대인들의 정체성을 인정하는 것이며, 동시에 예수님이 다윗 왕의 위를 잇는 이스라엘의 참다운 왕이심을 선포한 것이다.

혜롯 왕 때에 예수께서 유대 베들레헴에서 나시매 동방으로부터 박사들이 예루살렘에 이르러 말하되 유대인의 왕(King of the Jews)으로 나신 이가 어디 계시냐 우리가 동방에서 그의 별을 보고 그에게 경배하러 왔노라 하니 (마 2:1-2).

천사가 이르되 마리아여 무서워하지 말라 네가 하나님께 은혜를 입었느니라 보라 네가 잉태하여 아들을 낳으리니 그 이름을 예수라 하라 그가 큰 자가 되고 지극히 높으신 이의 아들이라 일컬어질 것이요 주 하나님께서 그 조상 다윗의 왕위(The throne of his father David)를 그에게 주시리니 영원히 야곱의 집(The house of Jacob)을 왕으로 다스리실 것이며 그 나라가 무궁하리라(눅 1:30-33).

그 머리 위에 이는 유대인의 왕 예수(This is Jesus, the King of Jews)라 쓴 죄패를 붙였더라(마 27:37).

빌라도가 패를 써서 십자가 위에 붙이니 나사렛 예수 유대인의 왕이라 기록되었더라 예수께서 못 박히신 곳이 성에서 가까운 고로 많은 유대인이 이 패를 읽는데 히브리와 로마와 헬라 말로 기록되었더라 유대인의 대제사장들이 빌라도에게 이르되 유대인의 왕이라 쓰지 말고 자칭 유대인의 왕이라 쓰라 하니 빌라도가 대답하되 내가 쓸 것을 썼다 하니라(요 19:19-22).

무리가 다 일어나 예수를 빌라도에게 끌고 가서 고발하여 이르되 우리가 이 사람을 보매 우리 백성을 미혹하고 가이사에게 세금 바치는 것을 금하며 자칭 왕 그리스도라 하더이다 하니 빌라도가 예수께 물어 이르되 네가 유대인의 왕(The king of the Jews)이냐 대답하여 이르시되 네 말이 옳도다 (눅 23:1-3).

예수께서 총독 앞에 섰으매 총독이 물어 이르되 네가 유대인의 왕(The king of the Jews)이냐 예수께서 대답하시되 네 말이 옳도다 하시고(마 27:11).

빌라도마저 예수님을 정확하게 묘사한다. 그분은 유대 다윗의 동네, 나사렛 출신이며 유대인의 왕이신 예수 그리스도이시다. 다음 질문에 대답해 보자. 주님은 교회의 왕이 되셨기 때문에 더 이상 유대인의 왕이 아니신가? 이스라엘의 왕 앞에서 더 이상 이스라엘은 존재하지 않는다고 선언할 수 있는가?

예수님을 유대 민족의 왕으로서 동의할 수 있어야 그분을 진정한 왕으로 인정하는 것이다. 주님이 유대인의 왕의 후손으로 오셨다. 그리고 유대인의 왕으로서 다시 오실 것이다. 주님은 유대인의 왕이심을 포기한 적도, 부인한 적도 없으시다. 빌라도 앞에서의 선언처럼 예수님은 당연히 유대인의 왕이시고 모든 나라의 왕이 되셔야 한다. 만일 이스라엘이 폐하여졌다고 주장한다면, 그것은 결국 주님이 더 이상 유대인의 왕은 아니라고 주장하는 것과 같다. 그러므로 반유대주의나 대체 사상은 유대인의 왕이신 예수님의 지위를 무시하는 것과 같은 처사다.

우리는 종종 예수님을 영적인 왕으로만 인정하려는 경향이 있다. 그분은 미국의 왕, 한국의 왕, 세상 나라의 왕은 아닌가? 당연히 그분은 온 세상의 왕이시다. 이 말은 영적인 왕이며 동시에 실제적인 세상 나라의 왕이 되신다는 말이다. 지리적인 왕이 아닌 분이라면 영적인 왕도 아닌 것이다. 안타깝게도 주님은 공생애 기간 동안 제대로 유대인의 왕으로서의 대우와 영접을 받아 본 적이 없으시다. 조롱하는 자들이 주님을 향해 붙여 준 별명이 '유대인의 왕'이라는 칭호다. 그리고 실제 왕이신 분이 '유대인의 왕'이라는 '죄의 패'를 달고 십자가에서 처형되셨다.

이제 그분은 진정한 유대인의 왕(The true King of Jews)이 되셔야 한다. 이스라엘 땅과 백성이 진정으로 그를 왕으로 영접해야 한다. 주님을 모욕하고 그를 찔렀던 자들과 온 세계 사람들의 눈 앞에 진짜 유대인의 왕의 모습으로 나타나실 것이다. 그러므로 이스라엘은 없어지거나 다른 나라로 대체되어서는 안된다. 하나님은 바로 그 땅에서 아들이신 예수 그리스도를 유대인의 왕으로 세우시며 실추된 명예를 회복하실 것이다.

> 내가 다윗의 집과 예루살렘 주민에게 은총과 간구하는 심령을 부어 주리니 그들이 그 찌른 바 그를 바라보고 그를 위하여 애통하기를 독자를 위하여 애통하듯 하며 그를 위하여 통곡하기를 장자를 위하여 통곡하듯 하리로다(슥 12:10).

가장 역사적인 순간을 위해서 이스라엘 나라와 민족은 건재해야 한다. 하나님 아버지는 손상되고 찢겨진 당신 아들의 지위와 명예를 반드시 회복하실 것이다. 그리고 우리들은 온 열방이 유대인의 왕에게 경배하도록 해야 할 것이다. 그는 겸손한 왕으로서 사랑과 의와 화평으로 온 세상을 다스릴 것이다.

> 어찌하여 이방 나라들이 분노하며 민족들이 헛된 일을 꾸미는가 세상의

군왕들이 나서며 관원들이 서로 꾀하여 여호와와 그의 기름 부음 받은 자를 대적하며 우리가 그들의 맨 것을 끊고 그의 결박을 벗어 버리자 하는 도다 하늘에 계신 이가 웃으심이여 주께서 그들을 비웃으시리로다 그때에 분을 발하며 진노하사 그들을 놀라게 하여 이르시기를 내가 나의 왕을 내 거룩한 산 시온에 세웠다 하시리로다 내가 여호와의 명령을 전하노라 여호와께서 내게 이르시되 너는 내 아들이라 오늘 내가 너를 낳았도다 내게 구하라 내가 이방 나라를 네 유업으로 주리니 네 소유가 땅 끝까지 이르리로다 네가 철장으로 그들을 깨뜨림이여 질그릇 같이 부수리라 하시도다 그런즉 군왕들아 너희는 지혜를 얻으며 세상의 재판관들아 너희는 교훈을 받을지어다 여호와를 경외함으로 섬기고 떨며 즐거워할지어다 그의 아들에게 입맞추라 그렇지 아니하면 진노하심으로 너희가 길에서 망하리니 그의 진노가 급하심이라 여호와께 피하는 모든 사람은 다 복이 있도다 (시 2:1-12).

성문으로 나아가라 나아가라 백성이 올 길을 닦으라 큰 길을 수축하고 수축하라 돌을 제하라 만민을 위하여 기치를 들라 여호와께서 땅 끝까지 선포하시되 너희는 딸 시온에게 이르라 보라 네 구원이 이르렀느니라 보라 상급이 그에게 있고 보응이 그 앞에 있느니라 하셨느니라 사람들이 너를 일컬어 거룩한 백성이라 여호와께서 구속하신 자라 하겠고 또 너를 일컬어 찾은 바 된 자요 버림 받지 아니한 성읍이라 하리라(사 62:10-12).

요한계시록에까지 회복된 이스라엘에 대한 묘사가 나온다

이스라엘의 정체성과 소명이 유효하다는 다른 증거가 요한계시록에 등장한다. 사도 요한이 요한계시록을 쓴 연대는 주후 90-100년경이다. 그런데 이스라엘이 주후 70년경에 로마에 정복되고 폐허가 되었다. 주목할 사실은 요한은 이스라엘이 패망한 지 약 20여 년이 지나서 유배지에서 요한계시록을 기록하였는데, 거기에서 이스라엘과 관련한 환상을 보았다는 점이다. 요한은 하늘나라의 환상과 계시를 본 것인데, 그곳에서의 모습은 하나님의 계획 안에 이스라엘이 영원하다는 증거를 다시 확증시켜 주는 것이다.

요한계시록에 나오는 이스라엘에 대한 내용을 몇 가지로 정리하면 다음과 같다.

첫째, 사도 요한이 받은 유대인 예수님의 정체성에 대한 계시이다.

> 장로 중의 한 사람이 내게 말하되 울지 말라 유대 지파의 사자 다윗의 뿌리(The Lion of the tribe of Judah, the Root of David)가 이겼으니 그 두루마리와 그 일곱 인을 떼시리라 하더라(계 5:5).

요한이 환상 속에서 본 일곱 인을 뗄 자이신 주님은 어떤 모습인가? 여전히 "유대 지파의 사자 다윗의 뿌리"이시다. 하늘에서도 여전히 유다 지파의 후손으로, 다윗의 왕위를 소유하시고 계시며 유대인의 왕의 모습으로 계신다. 하나님 아버지의 마음 속에는 여전히 이스라엘이 들어 있다. 만일 이스라엘이 폐하여졌다면 망해 버린 나라의 왕위를 가지고 하늘에 계신 것이 무슨 의미가 있는가?

요한계시록 맨 마지막 장에서 요한계시록을 기록하게 하신 예수님의 정체성이 다시 등장한다. 그분은 "다윗의 뿌리요 자손(The Root and the Offspring of David)이니 광명한 새벽별"이시다.

> 나 예수는 교회들을 위하여 내 사자를 보내어 이것들을 너희에게 증언하게 하였노라 나는 다윗의 뿌리요 자손(I am the Root and the Offspring of David)이니 곧 광명한 새벽 별이라 하시더라 성령과 신부가 말씀하시기를 오라 하시는도다 듣는 자도 오라 할 것이요 목마른 자도 올 것이요 또 원하는 자는 값없이 생명수를 받으라 하시더라 내가 이 두루마리의 예언의 말씀을 듣는 모든 사람에게 증언하노니 만일 누구든지 이것들 외에 더하면 하나님이 이 두루마리에 기록된 재앙들을 그에게 더하실 것이요 만일 누구든지 이 두루마리의 예언의 말씀에서 제하여 버리면 하나님이 이 두루마리에 기록된 생명나무와 및 거룩한 성에 참여함을 제하여 버리시리라 이것들을 증언하신 이가 이르시되 내가 진실로 속히 오리라 하시거늘 아멘 주 예수여 오시옵소서(계 22:16-20).

요한계시록 맨 마지막 장에까지 예수님의 정체성은 다윗의 뿌리요 자손임을 명시한다. 창세기에서부터 요한계시록까지 일관되는 줄거리는 바로 이스라엘 이야기를 중심으로 한 예수 그리스도의 구속 사역의 완성이다. 구원의 은혜는 누구에게나 열려 있다. 그러나 주님은 다윗의 왕위를 가지신 이스라엘과 열방의 심판주로서 속히 오실 것이다.

둘째, 각 지파에서 불러낸 인 맞은 하나님의 종들이다.

요한계시록 7장에 흥미로운 기록이 나오는데, 이스라엘의 각 지파에서 불러낸 144,000명에 대한 내용이다. 본문은 다음과 같다.

이르되 우리가 우리 하나님의 종들의 이마에 인치기까지 땅이나 바다나 나무들을 해하지 말라 하더라 내가 인침을 받은 자의 수를 들으니 이스라엘 자손의 각 지파 중(From all the tribes of Israel)에서 인침을 받은 자들이 십사만 사천이니(계 7:3-4).

이곳에 나오는 144,000명은 과연 누구인가? 이 본문은 그동안 가장 해석하기 힘든 난해 구절 중에 하나였으며 지금도 의견이 분분하다. 어떤 이들은 '믿는 자의 충만한 수, 완전성, 마지막 때의 순교자, 구원받은 전체 성도' 등으로 해석한다. 그러나 부인할 수 없는 사실은 이들은 이스라엘 사람들이라는 것이다. 저자는 각 지파를 명시함으로써 다른 어떤 해석도 불허한다.

이스라엘의 정체성이 사라졌다면 이렇게 각 지파를 언급하면서 특정 숫자의 사람들이 하나님의 인을 맞을 것이라고 명시하는 것은 아무런 가치가 없는 것이다. 교회가 새 이스라엘이 되었다면 열두 지파에 대한 소개가 무슨 소용이 있는가?

대체 사상은 이들이 "이스라엘 사람이 아니라는 증거"를 대려고 시도한다. "이스라엘 자손의 각 지파 중에서 인 맞은 자들"이라고 확실히 정의된 문장에 대해 이스라엘 사람들이 아님을 증명하는 것은 더 큰 억측임을 알아야 한다. 대체신학은 그 뒤 요한계시록 7장 9-17절, "…각 나라와 족속과 백성과 방언에서 아무도 능히 셀 수 없는 큰 무리……"는 온 세상의 성도들이라고 문자적으로 해석하면서 앞 구절의 144,000명에 대해서는 상징으로 풀이하는 모순을 보인다.

월부드, 사이스, 펜티코스트, 토머스 같은 학자들은 이스라엘은 항상 구약 시대와 신약 시대의 유대인에게 적용되고, 각 지파를 영적으로 해석하여 교회를 가리키는 것으로 볼 수는 없다고 했다. 월부드(Walvoord)는 다음과 같이 말한다.

> 교회를 묘사하는 것이 저자의 의도였다고 해도, 이스라엘을 교회를 표상하는 모형으로 본다면, 본문에서처럼 그들을 열두 지파로 구분하는 것은 크게 어리석은 일이 되고 말 것이다.

요한계시록은 이스라엘이 패망한 이후에 쓰여진 책인 것을 기억하라. 사도 요한은 먼 미래에 존재할 회복된 이스라엘의 모습을 보았다. 이것은 마지막 때의 비전을 담고 있다. 하나님은 이스라엘 각 지파 중에서 인 맞은 자들을 계수하고 계시다. 그리고 더 분명히 하기 위해 각 지파의 이름까지 언급하고 있다.

주의해야 할 사실은, 현재 이스라엘에서 하나님의 인 맞은 144,000명에 대한 충족 여부와 각 지파에 대한 분류는 하나님만의 영역이며, 우리들은 단지 복음 전파에 관심을 집중해야 할 것이다. 그간 이 구절을 이스라엘이 아닌 저마다의 집단에 적용함으로써 요한계시록 해석에 큰 혼란을 가져왔고 수많은 교리적 오류와 이단을 양산했다.

그렇다면 이 144,000명이 채워지는 것은 어떤 의미가 있는가? 요한계시록의 저자는 어느 순간에 가서는 그 숫자가 찰 것이며, 연이어 이어지는 특정한 사건들이 있을 것이라고 예언하고 있다.

> 이 일 후에 내가 네 천사가 땅 네 모퉁이에 선 것을 보니 땅의 사방의 바람을 붙잡아 바람으로 하여금 땅에나 바다에나 각종 나무에 불지 못하게 하더라 또 보매 다른 천사가 살아 계신 하나님의 인을 가지고 해 돋는 데로

부터 올라와서 땅과 바다를 해롭게 할 권세를 받은 네 천사를 향하여 큰 소리로 외쳐 이르되 우리가 우리 하나님의 종들의 이마에 인치기까지 땅이나 바다나 나무들을 해하지 말라 하더라(계 7:1-3).

144,000명이 채워지기까지 땅 네 모퉁이에 선 천사들이 마지막 때 재앙의 바람을 붙잡고 있다. 사건을 순서적으로 본다면 하나님의 인 맞은 유대인들의 숫자가 채워지고 나면 땅과 바다와 각종 나무에 하나님의 진노가 부어질 것이다. 나팔과 대접 재앙이 하나님의 인 맞은 유대인의 숫자가 차기까지 보류되고 있다고 볼 수 있다.

이 환상 다음에 바로 천상에 모인 수많은 무리들의 모습이 등장한다. 그러므로 유대인들이 정한 숫자만큼 돌아오는 사건은 인류 역사의 대단원과 연결된 것이라 볼 수 있다. 하지만 인 맞은 유대인들의 수와 그때와 시간은 오직 하나님만이 아신다.

셋째, 요한계시록 21장에는 하늘로부터 내려오는 성이 있는데 그 이름이 '새 예루살렘(New Jerusalem)'이다.

하늘로부터 내려오는 영원한 새 도성이 있는데, 그 이름도 '예루살렘'이다. 이스라엘의 정체성이 사라져 버리거나 교회로 대체되었다면 이 새롭고 영원한 도성에 굳이 예루살렘이라는 이름을 붙일 필요가 있을까? 만일 하나님이 이스라엘을 완전히 버리셨다면 버려진 나라의 수도 이름을 가장 영광스러운 성의 이름으로 다시 사용하실 이유가 있겠는가? 하나님은 이스라엘에 대한 집착을 결코 포기하지 않으셨다.

더욱이 천국을 묘사하는 장면에서 새 예루살렘 열두 문들 위에 "이스라엘 자손 열두 지파의 이름들(The twelve tribes of Israel)"이 기록되어 있고, 그 성곽의 열두 기초석 위에 "어린 양의 십이 사도의 열두 이름(The twelve apostles of the

Lamb)"이 쓰여져 있다(계 21:12-14). 하나님의 인류 구속과 경영을 위한 원대한 계획 안에 이스라엘이 그 중심 역할을 한다. 그 안에 참여할 온 세상의 모든 이기는 자들(All overcomers, 계 1-3장)도 그 위에 이름이 기록될 것이다.

> 성령으로 나를 데리고 크고 높은 산으로 올라가 하나님께로부터 하늘에서 내려오는 거룩한 성 예루살렘을 보이니 하나님의 영광이 있어 그 성의 빛이 지극히 귀한 보석 같고 벽옥과 수정 같이 맑더라 크고 높은 성곽이 있고 열두 문이 있는데 문에 열두 천사가 있고 그 문들 위에 이름을 썼으니 이스라엘 자손 열두 지파의 이름들(The names of twelve tribes of Israel)이라 동쪽에 세 문, 북쪽에 세 문, 남쪽에 세 문, 서쪽에 세 문이니 그 성의 성곽에는 열두 기초석이 있고 그 위에는 어린 양의 열두 사도의 열두 이름(The names of twelve apostles of the Lamb)이 있더라(계 21:10-14).

> 이기는 자는 내 하나님 성전에 기둥이 되게 하리니 그가 결코 다시 나가지 아니하리라 내가 하나님의 이름과 하나님의 성 곧 하늘에서 내 하나님께로부터 내려오는 새 예루살렘(The new Jerusalem)의 이름과 나의 새 이름을 그이 위에 기록하리라(계 3:12).

제2의 종교개혁: 로마서와 이스라엘

　로마서는 기독교 교리서라고 불릴 만큼 중요한 서신이며 사도 바울 사상의 근간을 이루고 있다. 그리고 신약 신학의 정수이자 성경 전체에서 커다란 봉우리와 같은 책이다. "오직 의인은 믿음으로 말미암아 살리라(롬 1:17)"는 구절을 통해 종교개혁이 일어났고, 수많은 하나님의 교회들과 백성의 삶이 바뀌었다.

　그러나 이제, 똑같은 로마서를 가지고 제2의 종교개혁이 일어날 시점에 우리는 와 있다. 다름 아닌 이스라엘을 중심으로 다룬 로마서 9-11장에 대한 재조명이 그것이다. 최근 로마서 연구 중에서 단연 두드러지는 것이 이스라엘을 주제로 한 9-11장의 위치와 해석에 대한 것이다.

　로마서를 크게 두 부분으로 나눈다면, 9-11장과 나머지 장들이라고 할 수 있다. 왜냐하면 전체 흐름과 이질감이 느껴지는 세 장이 마치 삽입된 것처럼 보이기 때문이다. 1-8장까지 논리적 서술을 해 오던 바울이 갑자기 9장에서 다른 주제를 다룬다. 그리고 12장에 가서 다시 8장의 내용을 이어 간다. 9-11장은 바울이 감출 수 없는 비밀을 북받치는 감정으로 쏟아 내듯

이 풀어내고 있다. 바울은 구원과 관련한 로마서의 내용 전개를 끝내지 않은 채 갑자기 교회와 이스라엘의 주제를 삽입시킨다.

로마서의 주제를 지금까지는 주로 1-8장까지라고 보아 왔으나, 최근 이스라엘의 역할을 이해하는 학자들 사이에서 로마서의 원래 저작 동기가 9-11장이라고 하는 주장들이 나오고 있다. 바울이 말하고자 하는 요지가 무엇인가? 9-11장의 내용은 바로 마지막 때에 이스라엘이 하나님께로 돌아와서 구원의 온전한 섭리를 모두 이루게 될 것이라는 내용이다. 즉 1-8장까지가 '구원의 원리'에 대해 말한 것이라면, 9-11장은 '구원 역사의 원리'라고 할 수 있고, 12-16장은 '구원을 이루어가는 성도의 삶'이라고 할 수 있다.

바울 사도가 로마서를 쓰게 된 중요한 동기 중에 하나는 로마 교회 안에 있었던 유대인과 이방인들을 향한 하나님의 궁극적인 뜻을 밝히는 것이었다. 왜냐하면 로마 교회는 바울이 세운 교회가 아니고 이미 디아스포라된 유대인들이 세웠던 이방 교회였기 때문에 여러 가지 전통적, 교리적인 이질감이 존재했다. 이 문제를 다루기 시작하면서 바울은 깊은 '비밀'을 깨닫게 된다. 바로 마지막 때 하나님께서 일으키실 '이스라엘 회복'과 '교회의 부흥'과의 관계이다.

월터 카이저는 구원과 복음화에 대한 하나님의 계획에서 유대인과의 관계성이라는 중심 주제를 다루지 않고서는 로마서를 읽고 해석하는 것이 불가능하다고 보았다. 바울의 선교 사역의 전반에 걸쳐서 "첫째는 유대인에게 그리고 헬라인에게(롬 1:16, 2:16)"라는 '두 단계의 선교적 양식'을 발견할 수 있다. 바울은 하나님의 구원 사역의 경륜을 유감없이 드러낸다. 그는 다음과 같이 말한다.

로마서 9-11장에서 '이스라엘'이나 '이스라엘 사람'이라는 용어가 14번이나 나온다. 이러한 반복이 단지 강조만을 나타내는 것이 아니라, 바울은 이스라엘을 대신해서 그리고 거기에 속한 자로서 말하고 있는 것이다. 만약 우리가 바울이 예수님에 대한 자기의 믿음 때문에 이스라엘 사람이라는 것을 포기했다고 생각한다면 우리는 바울을 심각하게 오해하는 것이다. 이 사도는 자신이 구약성경(타나크)를 통해서 배운 유대적 믿음과 자기가 가르쳤던 것이 일치하였기 때문에, 결코 자신의 유대적 유산과 자신의 백성 등을 저버리지 않았다.

한편 이스라엘에 대한 올바른 해석은 '대체신학'과 '예정론'의 오류를 바로잡아 준다. 이 주제들은 본문에서 이스라엘을 배제할 때 나오는 전통적 해석의 기초를 이루고 있다. 이것은 마지막 때 건강한 재림 신앙을 갖추는 데 가장 장애가 되는 것 중 하나이다. 이스라엘이 열리면 대체주의와 예정론이 스스로 모순에 빠지는 것을 알게 된다. 이스라엘이 하나님께 범죄함으로 버림받았으며 그 자리를 교회가 대신했다고 하는 사상은 한 번 구원받고 택함을 받은 것은 영원하다는 예정론과 정면으로 배치된다.

하나님은 구원받은 자들을 버리지 않는다고 해 놓고서 선택받았던 이스라엘이 언제부턴가 버림받았다고 하는 논리는 모순이다. 하나님께서 특별한 목적으로 이스라엘을 선택했다는 내용을 가지고 교회는 이스라엘을 배제시킬 뿐 아니라 급기야 천국에 갈 자와 지옥에 갈 자들이 미리 정해졌다는 교리를 만들게 되었다. 이는 본문의 문맥을 무시한 결과이다.

이스라엘의 역사를 통해 알 수 있는 것은 멸망으로 치닫고 끝내 지옥으로 가는 자들은 미리 정해진 어떤 사람들이 아니라, 스스로 끝까지 불순종하고 거역하는 자들이다. 하나님이 처음부터 천국 갈 자와 지옥 갈 자를 갈라 놓으신 것이 아니다. 하나님의 성품을 이해할 수 있는 최선의 방법은 어떤 신학이나 교리가 아니라 바로 '하나님과 이스라엘의 이야기'를 통해서이다. 이제 로마서의 큰 주제인 이스라엘을 중심으로 9-11장을 분석해 보자.

로마서 9장

바울은 9장에서 이스라엘에 대한 간절한 마음을 드러내고 있다. 댄 저스터(Dan Juster) 박사는 사도 바울이 로마서를 쓰던 그 당시부터 대체신학이 나올 것이 예견되었다고 보았다. 바울은 그때부터 벌써 유대인들을 향하여 이런 거짓 가르침에 이를 수 있는 변화의 조짐을 보았다. 바울은 아주 강한 어조로, 언약과 약속들은 여전히 이스라엘에 속한 것임을 강조했다(롬 9:4). 바울은 주장하기를 이스라엘은 이브라함, 이삭, 야곱과의 언약으로 인해 하나님께 택함 받고 사랑받는 백성이라고 했다.

> 내가 그리스도 안에서 참말을 하고 거짓말을 아니하노라 나에게 큰 근심이 있는 것과 마음에 그치지 않는 고통이 있는 것을 내 양심이 성령 안에서 나와 더불어 증언하노니 나의 형제 곧 골육의 친척을 위하여 내 자신이 저주를 받아 그리스도에게서 끊어질지라도 원하는 바로라(롬 9:1-3).

이스라엘의 부르심이 뭔가? 4-5절을 보라.

> 그들은 이스라엘 사람(The people of Israel)이라 그들에게는 양자 됨과 영광

과 언약들과 율법을 세우신 것과 예배와 약속들이 있고 조상들도 그들의 것이요 육신으로 하면 그리스도가 그들에게서 나셨으니 그는 만물 위에 계셔서 세세에 찬양을 받으실 하나님이시니라 아멘

이방의 사도로 부름을 받은 바울이 이방인 교회인 로마 교회에 보내는 서신 한가운데서 이 말을 하고 있다. 이스라엘이 가진 약속들이 없어졌는가? 아니다. 그들의 언약을 모두 고스란히 가지고 있다. 하나도 빼앗기지 않았고 취소되지도 않았다. 혈통적으로는 예수 그리스도께서 유다 지파에서 나신 것을 증거하며 하나님께 찬양을 돌리고 있다.

이 전제가 다음에 이어져 나오는 모든 변론의 기초가 된다. 이 본문은 단순히 하나의 유대인으로서 동족들을 향한 바울의 소망 차원이 아니다. 바울은 마지막 때에 일어날 일, 즉 이스라엘의 부르심과 역할이 완성될 것이라는 사실을 알았다. 이는 약속의 조상을 둔 히브리인으로서의 예언적 선언이요, 사도로서 받은 계시적 비전이며, 구약에 정통한 학자로서의 논리적 변증이다.

예정론이 아니라 역할론

로마서 9장 13절에 "…야곱은 사랑하고 에서는 미워하였다……"는 표현의 의미가 무엇인가? 야곱으로 상징되는 믿는 자들은 선택받아 천국에 가고, 에서로 대표되는 불신자들은 버리도록 지음을 받아 지옥으로 간다는 의미인가? 그러나 본문이 의도하는 것은 하나님께서 주권적으로 이스라엘을 선택하셨다는 선언이다. 본문에 나오는 비유는 '예정론'이 아니라 '역할

론'이다.

'야곱과 에서, 이스라엘과 바로, 토기장이의 비유' 등은 그간 이스라엘을 적용하지 않음으로 인해 예정론을 설명하는 배경 구절로 사용되어 왔다. 제임스 던(James Dunn) 박사는 바울은 본론에서 예정론에 관한 신학을 정립하려는 것이 아니라 반대로 그 예정론을 비판하고 있다고 지적했다. 왜냐하면 하나님의 주권적인 선택은 결과적으로는 긍휼을 보이시기 위함이었기 때문이다.

> 너희가 전에는 하나님께 순종하지 아니하더니 이스라엘이 순종하지 아니함으로 이제 긍휼을 입었는지라 이와 같이 이 사람들이 순종하지 아니하니 이는 너희에게 베푸시는 긍휼로 이제 그들도 긍휼을 얻게 하려 하심이라 하나님이 모든 사람을 순종하지 아니하는 가운데 가두어 두심은 모든 사람에게 긍휼을 베풀려 하심이로다(롬 11:30-32).

이스라엘은 특별한 목적, 즉 '열방이 하나님의 성품을 이해하게 하는 하나의 샘플'로서 구별되어 세워졌다. 이스라엘에 대한 원래의 선한 계획이 있었다. 하지만 그들의 믿음과 행위에 따라 구원받을 자와 구원받지 못할 자로 나누어졌다. 하나님은 열방에도 이와 같은 원리를 적용하신다. 하나님이 지목하셔서 사용하시는 주권적인 행위는 공평하시다. 이스라엘을 선택한 것은 멸망시키고자 함이 아니라 이스라엘과 함께 열방에 구원을 베푸시고 하나님의 이름이 온 땅에 전파되게 하려는 것이다.

토기장이의 비유

예정론을 설명하는 데 전형적으로 가장 많이 사용되는 이야기가 토기장이 비유이다. 하지만 토기장이 비유의 원래 목적은 이스라엘을 선택하신 하나님의 주권을 설명하기 위한 것이다. 믿는 유대인이며 구약 학자인 댄 저스터(Dan Juster) 박사의 설명을 들어보자.

> 많은 사람이 이 구절을 잘못 이해하고 있는데, 그것은 중동 지역에서 어떻게 토기를 만드는지 잘 모르고 있기 때문이다. 이것을 우리가 이해하면 하나님의 놀라우신 온유와 사랑을 깨닫게 된다. 어떤 사람들은 이 비유를 가지고 하나님께서 운명적으로 사람을 택해서 구원하기로 계획하시고 어떤 사람은 지옥에 가도록 정죄하기 위해서 이미 분리시켜 놓았다고 말한다. 그런데 여기서는 어떤 개인이 아니라 어떤 민족이나 국가에 대해서 말씀하고 계시는 것이다. 토기장이는 자신의 직업이 진흙을 가지고 토기를 만드는 것이기 때문에 자기가 무엇을 어떻게 하고 있는지 분명히 알고 있는 전문가이다. 그러하기 때문에 토기장이는 토기를 만드는 데 있어서 실수를 하지 않는다.

성경에서 이 토기장이 비유만큼 오해를 많이 받는 이야기도 없다. 로마서 9장 19절 이하에 토기장이 비유를 들고 있다. 이 비유의 목적은 무엇인가? 그릇의 용도가 토기장이에게 달려 있음을 강조한다. 하나는 귀히, 하나는 천히 쓸 그릇을 만들 권한이 그것을 만든 이에게 있다. 토기장이 비유가 나오는 다른 본문을 보면 어떤 목적에서 이 비유를 사용하는지 알 수 있다. 이사야 45장과 64장을 보면, 토기장이 비유는 하나님이 인간을 쓰고

자 하시는 의지와 목적을 설명하는 데 언급되었다.

그러므로 우리가 믿는 하나님은 어떤 사람은 영원히 멸하기로 작정하고, 어떤 사람은 구원하기로 작정함으로 자신의 파괴력을 과시하려는 수준의 창조주가 아니시다. 만일 그렇다면 예정으로 구원받는 것이지 예수님을 통해 구원 받는 것이 아니게 된다. 구원이 이미 작정된 것이라면 예수님의 십자가 죽으심은 도대체 무슨 행위이며 우리에게 무슨 의미가 있는가? 하나님께서는 모든 사람이 구원을 받으며 진리를 알기 원하신다.

> 하나님은 모든 사람이 구원을 받으며 진리를 아는 데에 이르기를 원하시느니라 하나님은 한 분이시요 또 하나님과 사람 사이에 중보자도 한 분이시니 곧 사람이신 그리스도 예수라 그가 모든 사람을 위하여 자기를 대속물로 주셨으니 기약이 이르러 주신 증거니라(딤전 2:4-6).

본문에 나오는 진노의 그릇과 긍휼의 그릇에 대한 바른 이해가 필요하다. '진노의 그릇'이 무엇인가? 오래 참으심으로 관용하시는 하나님의 성품을 보여 주는 도구다. 악인을 보며 하나님이 얼마나 인내하시는지를 알게 해 준다. 다른 말로 하면 하나님의 인내의 목적은 악인의 멸망이 아니라 회개이다. 어떤 상황에서 하나님의 인내의 성품이 더 온전히 가치를 발하겠는가? 계속하여 거역하고 죄를 짓는 자를 인내함으로 기다리다가 끝내 멸망하는 것을 볼 때인가? 아니면 인내의 끝에 그도 결국 구원을 받게 될 때인가? 하나님은 그 누구의 인생도 멸망으로 끝나지 않기를 원하신다.

반면에 '긍휼의 그릇'의 목적은 무엇인가? 그 '영광의 부요함'을 알게 하고자 함이라고 했다. 하나님께 순종하고 죄에서 떠난 자들을 통해 하나님의 영광이 드러난다. 거역하지 않고 하나님의 계명을 지키고 그리스도의 은혜에 참여하는 자를 통해 하나님의 풍성함의 성품을 드러내신다. 어떤 그릇이 될 것인가의 선택은 스스로 하는 것이고, 그 결과에 대한 책임은 스스로 지는 것이다. 하나님은 모든 세계가 그분의 역사 경영의 경륜을 따라 긍휼을 얻어 구원받기를 원하신다.

누구든지 주의 이름을 부르는 자는 구원을 받으리라(롬 10:13).

남은 자(Remnant)와 이스라엘의 소명

바울이 지적한 이스라엘의 문제는 그들의 왜곡된 선민사상이었다. 즉 그들은 하나님의 선택받은 민족이라는 사실 그 자체가 자신들이 부여받은 구원의 보증 수표라고 오해한 것이다. 그들을 택한 것은 하나의 샘플을 보여 주기 위함이었지 구원을 담보하는 것이 아니었다. 그들을 통해 하나님이 누구인지, 어떤 일을 하시는지 알게 하려고 하신 것이다. 그들에게 '씨'를 남겨 두심으로 하나님의 열심을 보여 주고자 하셨다.

그러지 않았으면 로마서 9장 29절의 말씀 그대로, 그들은 소돔과 고모라처럼 되었을 것이다. 그러므로 선택받은 민족이라고 해서 구원이 확증되었다는 말이 아니다. 하나님의 성품을 드러내기 위한 샘플로 선택받은 것이지, 구원이 자신들에게만 주어진다는 의미에서의 선택이 아니다. 유대인이나 헬라인이나 모두에게 구원의 기회는 동일하게 주어졌다. 이스라엘은 하나님의 존재를 드러내는 도구였지 구원을 거저 얻는 특권을 가진 존재는 아니었다. 하나님의 의인 예수 그리스도를 믿음으로 인한 구원의 보편성은 민족을 초월하여 적용된다.

그런 면에서 이스라엘은 남은 자들(Remnant)이 계속 존재해 왔기 때문에 표본으로서의 역할은 여전히 유효하다. 당시 유대교 지도자들을 책망하시던 예수님의 의도는 이스라엘이 선민으로서 모든 자격이 박탈되었다는 메시지를 전하시려고 한 것이 아니다. 가는 곳마다 회개하고 주께 돌아오는 창기와 세리와 같은 '씨'가 있었다. 씨가 남아 있었기에 선민으로서의 역할이 박탈되지 않는다.

지금도 남은 자를 통해 하나님은 이스라엘의 언약을 계속 수행하고 계신다. 하나님은 지금 21세기에도 자신의 백성을 어떻게 인도하는지, 자신이 어떤 분이신지를 이스라엘을 통하여 세상에 보여 주기를 원하신다. 수천 년 전에 당신이 선지자를 통해 하신 예언의 말씀을 기필코 이루실 것이다. 로마서 10장 1절에 이스라엘이 구원얻기를 바라는 바울의 심정이 잘 나와 있다.

> 형제들아 내 마음에 원하는 바와 하나님께 구하는 바는 이스라엘을 위함이니 곧 그들로 구원을 받게 함이라(롬 10:1).

이방의 전도자로 부름을 받은 바울은 선교의 원리를 깨달았다. 그것은 유대인들이 구원받으려면 열방에 복음이 전해져야 하고, 열방이 구원을 얻기 위해서는 이스라엘이 회복되어야 하는 것이었다. 그리스도를 믿음으로 인한 구원의 길을 강조한 바울이 민족적으로 유대인과 이방인을 구분한 이유는 이러한 원리 때문이다. 바울이 만일 유대인과 이방인을 구별하지 않고 이스라엘의 언약이나 유대 민족의 독특한 정체성을 완전히 포기했다면, 로마서에서 유대인의 역할을 그토록 분명히 명시할 필요가 없었을 것이다.

내가 복음을 부끄러워하지 아니하노니 이 복음은 모든 믿는 자에게 구원을 주시는 하나님의 능력이 됨이라 먼저는 유대인에게요 그리고 헬라인에게로다(First for the Jews, then for the Gentile)(롬 1:16).

그런즉 유대인의 나음이 무엇이며 할례의 유익이 무엇이냐 범사에 많으니 우선은 그들이 하나님의 말씀을 맡았음이니라(First of all, they have been entrusted with the very words of God)(롬 3:1-2).

그들은 이스라엘 사람(The people of Israel)이라 그들에게는 양자 됨과 영광과 언약들과 율법을 세우신 것과 예배와 약속들이 있고 조상들도 그들의 것이요 육신으로 하면 그리스도가 그들에게서 나셨으니 그는 만물 위에 계셔서 세세에 찬양을 받으실 하나님이시니라 아멘(롬 9:4-5).

다시 말하면 바울은 로마서에서 '구원의 원리'와 '구원 사역의 원리'를 나누어 설명한다. 구원은 유대인이나 헬라인이나 차별이 없다. 하지만 하나님의 구원 사역 방법은 독특하다는 것이다. 바울이 이스라엘과 이방 국가를 나누는 것은 '선교의 완성'을 위한 하나님의 경륜으로 이해해야 한다. 그는 이방이 구원받을 때 유대인들을 시기케 하고, 이방인들의 도움으로 유대인들도 마지막 구원의 반열에 동참할 것이라는 것을 깨달았다. 그리고 이스라엘을 세우신 하나님의 주권을 인정하는 것을 하나님의 권위를 인정하는 것과 동일시했다.

이것은 하나님이 경영하시는 마지막 때의 시나리오라고 할 수 있다. 이스라엘과 열방의 이러한 역할은 구원과 구원 사역의 원리를 구분해 주며, 동시에 하나님의 인류 경영의 절대 주권을 보여 주는 것이다.

로마서 11장

로마서 11장의 논점은 무엇인가? 하나님은 자기 백성을 버리지 않았다는 것이다. 당시에 사람들은 이스라엘이 범죄함으로 하나님에게서 완전히 끊어졌다고 생각했다. 지금도 그렇게 생각하려는 의도에 대해서 바울 사도는 분명히 답변하고 있다. "그럴 수 없느니라."

> 그러므로 내가 말하노니 그들(이스라엘)이 넘어지기까지 실족하였느냐 그럴 수 없느니라 그들이 넘어짐으로 구원이 이방인에게 이르러 이스라엘로 시기나게 함이니라 그들의 넘어짐이 세상의 풍성함이 되며 그들의 실패가 이방인의 풍성함이 되거든 하물며 그들의 충만함이리요(롬 11:11-12).

> 내가 이방인인 너희에게 말하노라 내가 이방인의 사도인 만큼 내 직분을 영광스럽게 여기노니 이는 혹 내 골육을 아무쪼록 시기하게 하여 그들 중에서 얼마를 구원하려 함이라 그들(이스라엘)을 버리는 것이 세상의 화목이 되거든 그 받아들이는 것이 죽은 자 가운데서 살아나는 것이 아니면 무엇이리요(롬 11:13-15).

2절을 보면, 하나님이 그 미리 아신 자기 백성을 버리지 아니하셨다(God did not reject his people, whom he foreknew). 자기 백성에 대한 약속을 지키고 계시다는 것이다. 바울은 이스라엘이 사라지지 않았다는 변증의 근거를 엘리야 시대를 들어서 설명한다. 바알에게 무릎 꿇지 않은 칠천 명의 사람들이 있었다. 남은 자들은 각 시대마다 존재하는데 예수님 당시에는 바로 제자들이었다. 그 제자들을 이은 것은 초대 교회 성도였다. 사도들, 초대 교회 성도, 열방에 복음을 전했던 유대인이 존재했었다.

지금도 전 세계에 흩어진 예수를 믿는 유대인들(Messianic Jews)이 존재하고 부흥하고 있다. 믿는 유대인들이 언제나 있었던 것을 보면, 하나님이 이스라엘을 버리시지 않으셨음을 알 수 있다. 만일 유대인이 하나님께 완전히 버림을 당했으며 이스라엘이 교회로 대체되었다는 것을 주장하려면, 지금까지 세계에 흩어진 유대인들 가운데 예수님을 메시아로 믿는 자가 한 명도 없었다는 것을 증명해야 한다. 디아스포라된 믿는 유대인이 존재한다는 사실은 이스라엘이 버림받지 않았다는 증거가 된다.

정리하면 이스라엘을 통해서 하나님이 하시려고 한 것은 다름 아닌 당신의 성품을 드러내는 것이다. 하나님은 이스라엘의 모델을 통해 구원의 소식을 모든 민족에게 전하시려는 계획을 가지고 계신다. 그의 경의로움을 찬양하지 않을 수 없다. 세상 끝날, 우리가 경험한 모든 것은 하나님의 은혜였다고 영광을 돌리게 될 것이다.

우리 앞에는 지금까지 경험하지 못한 마지막 때의 영광이 아직 남아 있고, 그리스도의 재림이라는 최대 언약의 성취도 남겨 두고 있다. 이제 교회 안에 이스라엘이 지닌 양자됨, 영광, 언약들, 율법, 예배, 약속, 조상, 메시아에 대한 신선한 이해가 새롭게 임하고 있다. '모세의 글과 선지자의 글'을 성취하러 육체를 입고 예루살렘으로 다시 오실 메시아를 아는 지식이 크게 증가하고 있다.

이방 교회에 대한 이스라엘의 역할

마지막 때에 일어날 이스라엘의 회복은 이방 교회에 다음과 같은 역할을 한다.

첫째, 부요함을 전해 준다.

바울은 이스라엘의 신비의 절정을 말한다. 장차 그들의 충만함은 이방인에게 부활을 가져다 줄 것이다(롬 11:11-12). 이스라엘의 충만함으로 이방 교회는 역사상 가장 강력한 부흥을 경험하게 될 것이다. 이스라엘을 향하신 하나님의 언약을 이 시대에 존재하는 참된 교회들이 받고 큰 부흥과 은혜를 누리게 될 것이다.

둘째, 성도들을 부활로 이끈다.

저희를 버리는 것이 화목을 가져왔다면, 그들을 받아들이는 것은 교회로 하여금 큰 부흥과 부활의 능력을 경험하게 할 것이다(롬 11:15). 기독교의 근대 역사를 보면 이스라엘 내의 큰 변화의 사건과 함께 기독교는 세계적인 부흥을 경험해 왔다. 앞으로 이스라엘 가운데 있게 될 큰 부흥은 열방의 교회를 부활시키는 큰 바람을 일으키게 할 것이다.

셋째, 참감람나무 뿌리의 진액을 공급받는다.

참감람나무 가지 얼마가 꺾여졌는데 돌감람나무인 이방인이 그들 중에 접붙임이 되어 참감람나무 뿌리의 진액을 함께 받는 자가 되었다(롬 11:17). 그리스도로 말미암아 이방인들도 이스라엘의 참감람나무에 접붙임을 받아 뿌리의 수액을 모두 공급받게 되었다. 하나님이 이스라엘 조상과 왕들과 백성에게 준 그 진액을 우리도 모두 받게 되었다.

하나님은 이런 과정을 디자인하시면서 구원이 어떻게 열방으로 퍼져 나가서 끝내 유대인과 이방인이 함께 구원의 축제에 동참할 수 있는지 구상하셨다. 교회는 결코 독립적으로 발생한 것이 아니다. 교회는 이스라엘이라는 뿌리 위에 세워졌으며, 지금도 그 뿌리의 진액을 받고 있다.

넷째, 하나님의 인자와 엄위를 배우게 된다.

바울은 이스라엘의 역사를 교훈으로 하여 이방 교회에게 높은 마음을 품지 말고 하나님을 두려워하라고 한다. 원가지들이 거역하였을 때 하나님이 아끼지 아니하신 것 같이 거역하는 이방인의 가지도 아끼지 아니하실 것이다. 우리는 이스라엘이라는 모델을 통해 하나님의 인자와 엄위를 보게 된다(롬 11:20-22). 우리들은 이스라엘의 역사관을 가지고 성경을 보아야만 하나님의 성품과 지식을 잘 이해할 수 있다.

특히 오늘날 교회는 하나님의 공의와 엄위를 배워야 한다. 교회가 이스라엘의 하나님을 경외하지 않고, 율법이 폐기된 것처럼 여기면서 실상 하나님의 규례와 법도와는 거리가 먼 길로 행하게 되었다. 하나님의 율법이 폐기된 것이 아니다. 이스라엘이 실수하고 넘어진 것처럼 교회도 그렇게 될 수 있다는 사실을 항상 염두에 두고 두렵고 떨림으로 구원을 이루어가야 한다.

백 투 바이블

대체신학의 베일이 벗겨지고 이스라엘이 열린다는 것은 또 하나의 운동이나 유행이 아니다. 이스라엘에 대한 관심은 하나님의 말씀으로 돌아가는 운동이어야 한다. 성경에 등장하는 이스라엘을 아는 만큼 성경을 더욱 분명히 알고, 그로 인해 하나님과 주님이신 예수님을 더욱 알아 가는 것이다. 이것은 궁극적으로 우리의 삶을 변화시켜 하나님 나라의 백성이 되기에 합당한 회개 운동으로 이어져야 한다.

오늘날 믿는 사람들조차도 하나님의 계명을 경홀히 여김으로 화를 자초하는 것을 보게 된다. 하나님의 말씀을 지키지 않으므로 하나님 나라에 합당치 못한 길로 행한다. 성령의 소욕을 따르지 않고 육신의 소욕을 따름으로써 멸망의 넓은 길을 간다. 마지막 때에 교회는 성도들에게 예수를 믿는 믿음과 하나님의 계명을 지키게 해야 한다. 열방의 대 부흥과 추수는 그저 오지 않는다. 말씀으로 돌아가야 한다. 이스라엘에 대한 지식은 결국 우리의 믿음 생활을 변화시켜서 더욱 그리스도의 말씀을 순종하는 삶으로 나아가도록 해야 하는 것이다. 이스라엘이 열려서 하나님의 말씀(토라)이 열리고, 궁극적으로 천국의 좁은 길로 행하는 은혜가 있기를 바란다.

> 보라 내가 오늘 생명과 복과 사망과 화를 네 앞에 두었나니 곧 내가 오늘 네게 명령하여 네 하나님 여호와를 사랑하고 그 모든 길로 행하며 그의 명령과 규례와 법도를 지키라 하는 것이라 그리하면 네가 생존하며 번성할 것이요 또 네 하나님 여호와께서 네가 가서 차지할 땅에서 네게 복을 주실 것임이니라 그러나 네가 만일 마음을 돌이켜 듣지 아니하고 유혹을 받아 다른 신들에게 절하고 그를 섬기면 내가 오늘 너희에게 선언하노니 너희가 반드시 망할 것이라 너희가 요단을 건너가서 차지할 땅에서 너희의 날이 길지 못할 것이니라 내가 오늘 하늘과 땅을 불러 너희에게 증거를 삼노라 내가 생명과 사망과 복과 저주를 네 앞에 두었은즉 너와 네 자손이 살기 위하여 생명을 택하고 네 하나님 여호와를 사랑하고 그의 말씀을 청종하며 또 그를 의지하라 그는 네 생명이시요 네 장수이시니 여호와께서 네 조상 아브라함과 이삭과 야곱에게 주리라고 맹세하신 땅에 네가 거주하리라(신 30:15-20).

좁은 문으로 들어가라 멸망으로 인도하는 문은 크고 그 길이 넓어 그리로 들어가는 자가 많고 생명으로 인도하는 문은 좁고 길이 협착하여 찾는 자가 적음이라(마 7:13-14).

성도들의 인내가 여기 있나니 그들은 하나님의 계명(God's commandments)
과 예수에 대한 믿음(Faith to Jesus)을 지키는 자니라(계 14:12).

이스라엘을 부르신 은사와 부르심

바울은 이스라엘에 대한 논지를 다음과 같은 확신으로 결론지었다.

(이스라엘을 향한) 하나님의 은사와 부르심에는 후회하심이 없느니라
(롬 11:29).

성도 개인의 은사와 부르심에 대해 말할 때 많이 인용하던 이 구절은 사
실 이스라엘을 부르신 그 은사와 부르심에 후회함이 없으시다는 의미이다.
이 모든 구원 역사의 경륜은 결국 하나님의 지혜와 지식의 부요함에서 나
온 것이며 우리는 이를 찬송하는 것이다.

누가 주의 마음을 알았느냐 누가 그의 모사가 되었느냐 누가 주께 먼저 드
려서 갚으심을 받겠느냐 이는 만물이 주에게서 나오고 주로 말미암고 주
에게로 돌아감이라 그에게 영광이 세세에 있을지어다 아멘(롬 11:34-36).

로마서 최후의 목표

로마서 15장에서는 9-11장을 이어서 로마서의 신학의 정점을 이루는 진술이 나온다. 이 구절은 다시 한 번 로마서의 기록 목적을 확인할 수 있는 곳이다. 제임스 던(James Dunn)의 주장은 다음과 같다.

첫째, "서로(유대인과 이방인) 받으라"고 하면서 양쪽 모두에게 공평한 호소가 이루어진다. 유대인의 정체성에 대해 민감한 내용들이기 때문에 상호간의 받음과 존중이 중요했던 것이다. 유대인과 이방인이 서로 받아 한 마음과 한 입으로 하나님 곧 예수 그리스도께 영광을 돌리게 하려고 했던 것이다(롬 15:6).

둘째, 역사적 이스라엘의 정체성이 연속되고 있음이 철저하게 강조된다. 즉 족장들에 대한 하나님의 약속들을 확증하는 것으로서 로마서 9-11장의 논증은 로마서의 부산물이 아니라 전체에서 중심적인 주제이다. 이는 기독교와 이스라엘의 연속성을 보여 주며, 이 이스라엘의 연속성은 바울 복음의 근간이었다(롬 15:8).

셋째, 유대인과 이방인은 동화나 흡수가 아닌 하나님 백성의 연합으로 이해해야 한다. 이것은 에베소서 2장에서 한 새 사람(One new man)의 개념에서도 잘 나타난다.

> 그는 우리의 화평이신지라 둘로 하나를 만드사 원수 된 것 곧 중간에 막힌 담을 자기 육체로 허시고 법조문으로 된 계명의 율법을 폐하셨으니 이는 이 둘(유대인과 이방인)로 자기 안에서 한 새 사람을 지어 화평하게 하시고 또 십자가로 이 둘을 한 몸으로 하나님과 화목하게 하려 하심이라 원수 된 것을 십자가로 소멸하시고 또 오셔서 먼 데 있는 너희에게 평안을 전하시

고 가까운 데 있는 자들에게 평안을 전하셨으니 이는 그로 말미암아 우리 둘이 한 성령 안에서 아버지께 나아감을 얻게 하려 하심이라(엡 2:14-18).

넷째, 유대인과 이방인이 예배 및 소망의 공동체 속에 함께 포함될 것에 대한 비전이다. 유대인으로부터 먼저 시작된 구원 사역의 경륜은 믿는 이방인을 포괄하는 종말론적 소망으로 나아간다.

또 모든 열방들아 주를 찬양하며 모든 백성들아(유대인과 이방인들 모두) 그를 찬송하라 하였으며(롬 15:11).

이스라엘의 독특한 부르심이 있다는 사실을 로마서는 잘 기록하고 있다. 주님의 재림 때까지 이스라엘의 소명은 여전히 남아 있다. 그 운명과 인류의 운명이 함께 가게 될 것이다. 이스라엘을 품는 개인과 나라마다 그 뿌리에서 나오는 진액을 공유할 것이며 그 축복을 받아 누릴 것이다. 마지막 때인 지금 이스라엘에 대한 계시가 증가되고 있다. 이스라엘의 영적 유산은 마지막 시대 교회에게 주시는 축복이며 사역의 동력이 될 것이다.

Israel and

Replacement Theology

대체신학 논쟁 정리

대체신학은 다음의 세 가지 문제에 대해서 해답을 주지 못한다. 첫째, 신약성경이 교회를 이스라엘로 인정한다고 믿지만 이에 대해 증명하지 못한다(롬 9:6, 11:26; 갈 6:16). 둘째, 신약성경이 이스라엘과 관련해서 예언한 구약성경의 원래의 뜻을 재해석했다는 것을 보여 주지 못한다(사 52:15; 렘 31장; 암 9:11-15; 행 15:13-18; 롬 11:27; 히 8:8-13). 셋째, 유대인과 이방인 간의 연합이 '이스라엘 나라의 미래의 회복'과 깊이 연관되어 있다는 것을 알지 못한다(롬 11:17-24; 엡 2:11-22). 성경이 말하는 이스라엘의 위치와 정체성을 정리하면 다음과 같다.

① 구약성경은 명확하게 이스라엘 국가의 회복에 대해 말하고 있다.

② 구약성경은 이스라엘 국가의 부르심의 영속성에 대해 분명하게 약속한다.

③ 신약성경은 이스라엘의 구원과 회복에 대한 구약성경의 예언을 확증하게 해 준다.

④ 신구약성경은 교회 시대와 현대에 이르기까지 이스라엘의 약속과 언

약이 여전히 이스라엘에게 속해 있음을 명확하게 기록하고 있다.

⑤ 신약성경은 하나님께서 그의 약속을 지키시며 여전히 이스라엘에 신
  실하심을 인정한다.

⑥ 신약성경은 이스라엘의 선택과 부르심이 취소될 수 없음을 증거한다.

⑦ 신구약성경은 '이스라엘'이라는 용어를 비유대인들에게 결코 사용하
  지 않으며, 교회도 결코 '이스라엘'로 부르지 않는다.

⑧ 믿는 이방인들이 사도들의 서신을 받았다고 하여 교회가 이스라엘이
  된다는 것을 의미하지는 않는다.

⑨ 신약성경의 예언도 이스라엘을 언급하므로 이스라엘을 위한 하나님
  의 계획이 여전히 살아 있음을 증명한다.

대체 사상의 부정적 결과들

대체 사상의 부정적인 결과라면 첫째, 하나님께서 밝히신 자신의 모든 성품과 본성을 바로 이해하지 못하게 한다. 대체 사상의 틀 안에 갇혀서 이스라엘의 역할을 이해하지 못하면 성경에 나타나는 하나님의 성품에 대한 이해가 제한된다. 대체 사상의 베일을 벗고 성경의 실제로 돌아가야 한다. 반이스라엘 사상은 하나님의 주권을 반대하는 것이나 다름 없다.

둘째, 마지막 때 이스라엘과 열방을 향한 하나님의 뜻과 계획을 명확하게 보지 못하게 한다. 이스라엘이 열리지 않으면 하나님의 때에 대한 이해를 놓치기 쉽다. 이것은 주님이 다시 오심에 대해 깨어 온전히 예비하지 못하도록 한다. 이방인의 충만한 때가 영원히 지속될 것이라고 착각해서는 안 된다. 눈을 들어 앞으로 도래할 하나님의 나라를 바라보아야 한다.

셋째, 대체 사상은 이 땅에서의 하나님의 나라를 강조함으로써 현실에 초점을 두게 한다. 이것은 다가올 주의 날을 간과하고 결국 안일하고 기복적이고 번영주의적인 세계관을 갖게 하는 경향이 있다. 결국 복음이 전해지면 그리스도 없이도 지상 천국 건설이 가능하다는 비뚤어진 신앙관을 낳게 한다. 교회는 양적 성장과 현실의 성공에 최우선을 두며, 내세에는 관심을 갖지 않게 만든다.

넷째, 무엇보다 성경의 이스라엘을 상징적이고 자의적으로 해석함으로써 수많은 이단들이 발생하게 된 것은 교회 역사상 가장 큰 해악이라 하겠다. 현대 교회 안에는 진리를 위한 싸움이 그 어느 때보다 치열하다. 우리의 대적은 수많은 미혹으로써 복음과 교회의 본질을 크게 흔들려고 할 것이다.

이스라엘 회복 운동에 대한 오해들

최근 이스라엘에 대한 관심이 증가하면서 여러 가지 논쟁과 오해가 발생하고 있다. 다음은 자주 거론되는 질문들이다.

① 다윗의 무너진 장막을 세운나는 의미가 무엇인가? 이미 예수 그리스도의 십자가 사건으로 이루어진 것이 아닌가?

다윗의 장막이 나오는 아모스의 본문은 이스라엘의 회복을 의미한다 (암 9:11). 그리고 다윗의 자손인 메시아의 온전한 통치를 의미한다. 마지막 때에 하나님께서 이스라엘을 회복하시고 유대인들이 예수님의 주되심을 인정하게 될 것이다. 그때 열방도 큰 부흥을 경험하게 될 것이다.

② 이스라엘에 대해 말하는 사람들은 모두 '세대주의자들'인가?

그렇지 않다. 복음주의나 오순절 계통에서도 폭넓게 이스라엘에 대한 성경적 관점을 새롭게 인식하고 있다. 최근 다양한 배경에 있는 권위 있는 학자들이 성경에서 이스라엘의 위치와 역할을 재조명한 연구 결과를 내놓고 있다.

③ 예수 그리스도가 율법의 마침이 되셨는데 다시 율법으로 돌아가 현재 유대인처럼 살아야 하는 것인가?

그렇지 않다. 이스라엘의 회복을 이해하는 것은 유대 민족 우월주의나 신율법주의나 유대주의로 돌아가자는 말이 아니다. 어떤 기독교인들 가운데 안식일이나 절기나 음식 규례 등을 정통 유대인들처럼 지키려는 사람들이 있다. 일부 그러한 오류가 나타나고 있는 것은 염려스러운 일이다. 그 모든 율법들의 주인은 바로 예수 그리스도임을 알아야 한다. 하지만 우리는 율법을 폐하거나 무시해서는 안된다. 우리는 어떠한 랍비나 성경 학자에 의해서가 아니라, 율법의 실체이신 예수님의 가르침을 따라 율법을 해석하고 적용해야 한다.

④ 구원이 유대인으로부터 왔다는 말이 예수를 벗어나도 율법을 지킴으로 구원을 얻을 수 있다는 의미인가?

아니다. 구원은 유대인이나 이방인이나 예수를 믿음으로만 가능하다 (갈 2:16, 3:11). 구원은 그리스도를 믿음으로 얻는 것이지만, 구원 사역의 경륜은 이스라엘을 중심으로 실행되고 있다. 이스라엘에 대한 지식이 많다고 하여 구원에 더 쉽게 이르는 것이 아니다. 이스라엘론(Israelogy)은 성경신학 차원에서 성경의 권위를 인정하는 것이며, 하나님의 마지막 때 구원사역의 경륜을 이해하는 것이다.

⑤ 이스라엘만 돌아오면 열방의 복음화는 자동적으로 이루어지는가?

그렇지 않다. 열방이 복음화가 되어야 온 이스라엘이 회복된다. 이스라엘의 회복의 조건은 오히려 열방의 충만한 수가 돌아오는 것, 즉 세계의 복음화이다. 따라서 우리가 해야 할 일이 있다면 성령을 받고 이스라엘을 포함한 모든 민족에게 복음을 증거하는 것이다(행 1장).

⑥ 이스라엘은 열방의 머리인가?

이스라엘은 열방의 머리가 아니다. 머리는 예수 그리스도이시며 이스라엘은 열방과 똑같은 몸의 지체이다. 이스라엘을 머리라고 하는 것은 유대 민족주의에 지나지 않는다. 사도 바울은 유대인이 이방인처럼 되려 하지 말고, 이방인은 유대인처럼 되려 하지 말고 부르심 대로 행하라고 했다(고전 7:18).

⑦ 이방인의 때가 끝나면 열방에 복음을 전할 필요가 없는가?

아니다. 이방의 충만한 수는 점점 더해 갈 것이다. 열방의 복음화를 위해 교회는 최선을 다해야 한다. 열방에 복음을 증거하지 않고 이스라엘에 대한 지식만 증가하는 것은 공허한 논쟁과 교회의 분열만 가중시킬 것이다. 이스라엘 회복 운동은 반드시 이스라엘 선교 운동으로 나아가야 한다. 언제까지 신학이나 교리 논쟁만 하고 있어서는 안 된다. 한 영혼이라도 살리는 구령 운동으로 열매를 맺어야 한다.

⑧ 이스라엘과 열방 전체를 1:1로 비교할 수 있는가? 이스라엘의 가치는 열방을 모두 합한 것과 같은가?

성경은 그렇게 말하지 않는다. 열방보다 이스라엘이 더 중요하다는 의미가 아니다. 유대인 한 사람이나 비유대인 한 사람이나 그 영혼의 가치는 동일하다. 주님은 한 영혼이 천하보다 귀하다고 하셨다. 단지 하나님의 온전한 섭리 안에 이스라엘이 가진 특별한 역할을 인정하는 것이다(갈 4:28).

⑨ 열방은 이스라엘의 유업에 동참할 수 있는가?

그렇다. 그리스도를 믿음으로 말미암아 이방인도 아브라함의 자손이 되었으므로 아브라함의 복이 동일하게 적용된다(갈 3:9, 14).

하나님의 시간표: 이스라엘

이스라엘은 마지막 때 주님의 재림의 사건을 깨닫게 해 주는 하나님의 시간표이다. 대체신학에 뿌리를 내리고 있을 경우 성경을 연구할지라도 시대와 징조를 모를 수 있다. 만일 이스라엘이 그 자리를 잃어버렸다면 마지막 때와 연관된 말씀은 큰 혼란을 야기할 것이다. 이스라엘이 열리면 이스라엘을 표준으로 하는 역사의 타임라인을 알게 된다. 성경은 이스라엘을 중심으로 모든 열국의 흥망성쇠가 펼쳐져 온 역사서이다. 이스라엘을 중심으로 하는 파노라마를 보게 될 때 창조주의 과거와 현재와 미래의 역사 경륜을 알 수 있게 된다.

이스라엘이 없으면 결국 강대국들에 의존한 역사 해석만 나오게 될 것이다. 이스라엘 없이 사람이 세운 제국 중심으로 역사가 흘러가도록 조종하는 것이 사탄의 계략이다. 그것은 바벨탑으로 시작한 바벨론 제국과 그 정신으로 마지막 때까지 펼쳐지는 빛과 흑암의 영적 전쟁을 보면 알 수 있다. 이스라엘은 하나님 나라 자체는 아니지만 하나님 나라 통치의 모형이다. 이스라엘이 열리면 봉함되었던 성경이 열리고 마지막 때의 계시가 열리게 된다.

약 2,500여 년 전 다니엘은 인류 역사가 이스라엘 역사의 수레바퀴와 함께 돌아가는 것을 예언했다. 이스라엘을 중심으로 세계 역사의 시간표는 진행되고 있다. 이스라엘에 대한 칠십 이레의 예언이 완전히 성취되는 때는 메시아가 다시 올 때이다. 다시 말하면 이스라엘의 시간표의 끝은 주님의 재림으로 마무리 된다. 지혜와 계시의 정신이 부어져서 이스라엘을 보는 눈이 열리고 시기와 징조를 분별하여 마지막 때를 준비하는 지혜 있는 자가 되기를 바란다.

> 네 백성과 네 거룩한 성을 위하여 일흔 이레를 기한으로 정하였나니 허물이 그치며 죄가 끝나며 죄악이 용서되며 영원한 의가 드러나며 환상과 예언이 응하며 또 지극히 거룩한 이가 기름 부음을 받으리라 그러므로 너는 깨달아 알지니라 예루살렘을 중건하라는 영이 날 때부터 기름 부음을 받은 자 곧 왕이 일어나기까지 일곱 이레와 예순두 이레가 지날 것이요 그 곤란한 동안에 성이 중건되어 광장과 거리가 세워질 것이며 예순두 이레 후에 기름 부음을 받은 자가 끊어져 없어질 것이며 장차 한 왕의 백성이 와서 그 성읍과 성소를 무너뜨리려니와 그의 마지막은 홍수에 휩쓸림 같을 것이며 또 끝까지 전쟁이 있으리니 황폐할 것이 작정되었느니라 그가 장차 많은 사람들과 더불어 한 이레 동안의 언약을 굳게 맺고 그가 그 이

레의 절반에 제사와 예물을 금지할 것이며 또 포악하여 가증한 것이 날개를 의지하여 설 것이며 또 이미 정한 종말까지 진노가 황폐하게 하는 자에게 쏟아지리라 하였느니라 하니라(단 9:24-27).

이제 내가 마지막 날에 네 백성이 당할 일을 네게 깨닫게 하러 왔노라 이는 이 환상이 오랜 후의 일임이라 하더라(단 10:14).

그때에 네 민족을 호위하는 큰 군주 미가엘이 일어날 것이요 또 환난이 있으리니 이는 개국 이래로 그때까지 없던 환난일 것이며 그때에 네 백성 중 책에 기록된 모든 자가 구원을 받을 것이라 땅의 티끌 가운데에서 자는 자 중에서 많은 사람이 깨어나 영생을 받는 자도 있겠고 수치를 당하여서 영원히 부끄러움을 당할 자도 있을 것이며 지혜 있는 자는 궁창의 빛과 같이 빛날 것이요 많은 사람을 옳은 데로 돌아오게 한 자는 별과 같이 영원토록 빛나리라 다니엘아 마지막 때까지 이 말을 간수하고 이 글을 봉함하라 많은 사람이 빨리 왕래하며 지식이 더하리라(단 12:1-4).

그가 이르되 다니엘아 갈지어다 이 말은 마지막 때까지 간수하고 봉함할 것임이니라 많은 사람이 연단을 받아 스스로 정결하게 하며 희게 할 것이나 악한 사람은 악을 행하리니 악한 자는 아무것도 깨닫지 못하되 오직 지혜 있는 자는 깨달으리라(단 12:9-10).

'이스라엘 회복과 마지막 때'는 이 시대를 이해할 수 있는 두 가지 키워드이다. 이스라엘을 알고 선지서를 연구하게 될 때 하나님의 나라와 다시 오실 메시아의 분명한 모습을 이해할 수 있다. 대체신학의 베일을 벗을 때 세계를 경영하시는 하나님의 온전한 섭리를 선명하게 깨닫게 될 것이다.

Israel and

Replacement Theology

맺는 말

하나님은 당신의 살아 계심과 거룩한 성품을 이스라엘 나라를 세우시고 역사 전면에 다시 세우심으로 증명하고 계신다. 로마의 침략으로 인해 이스라엘이 완전히 망한 것 같았으나 하나님께서는 세계에 흩어진 유대인들 중에서 믿는 자들을 지켜 오셨고, 그들의 후손에게 복음이 전해지게 하셨고, 지금도 많은 유대인들이 복음으로 돌아오게 하신다. 그들은 예수님을 메시아로 인정함으로써 이스라엘에 대한 하나님의 약속을 이어가게 만들었다. 하나님께서는 모든 이방인에게까지 구원의 소식과 풍성한 은혜가 전해지도록 하셨다. 우리 세대는 이스라엘의 지리적, 영적 회복으로 인해 전 세세적으로 일어나는 경의로운 부흥을 보고 있다.

대체신학은 민족적, 역사적, 혈통적 이스라엘을 인정하지 않는다. 그리고 이스라엘 사람들은 모두 메시아를 대적하고 죽게 한 사람들로 여긴다. 남은 자가 있어서 이스라엘의 소명이 끝나지 않았다는 것을 인정하기에 주저한다. 하지만 이방에서 회심한 영적 아브라함의 자손들만 가지고는 하나님의 마스타 플랜이 완성되지 않는다. 유대인 중 남은 자가 돌아와서 꺾인 참감람나무가 다시 원줄기에 접붙여져야 한다. 그럴 때에야 비로소 이 방인 성도와 하나가 되는 한 새 사람(One new man)으로 이루어진 진정한 교회가 세워질 것이다(엡 2장).

우리는 구약의 선지자들의 예언에 따라 유대 민족을 고국 땅으로 돌아오게 하시며, 새 언약을 주시기 위해 유대인들을 준비시키시는 하나님의 손길을 경험하고 있다. 이 때에 대체 사상은 이방 교회들로 하여금 이스라엘을 질투나게 하는 영광스러운 사명을 빼앗아 간다. 이스라엘의 구원받은 남은 자들이 수적, 질적으로 꾸준히 늘어가고 있는 이때에 하나님의 구원 사역의 경륜을 보아야 한다. 대체신학의 베일이 벗겨져서 모든 교회들이 이 진리를 직시하고 이스라엘 가운데 행하시는 하나님의 큰 역사를 보기를 소원한다.

대체신학을 극복하면 다니엘과 요한계시록 등 마지막 때에 관한 말씀이 열린다. 민족적, 역사적 이스라엘의 존재는 인류 역사의 시간표 역할을 한다(단 9장; 계 7장). 선지서의 내용을 과거적으로만 해석할 수 없다. 왜냐하면 선지자들의 예언에 분명히 내포된 미래적 사건이 아직 많이 남아 있기 때문이다. 미래적 해석이 필요한 구절에 이스라엘을 배제하고 교회를 대입할 경우 혼란에 빠진다. 그래서 결국 이스라엘을 어떻게 보느냐는 성경을 여는 열쇠가 된다.

이스라엘의 실패는 열방의 부흥으로 이어졌고, 열방의 구원은 다시금 이스라엘의 회복으로 돌아올 것이다. 이방의 충만한 수가 차게 될 때, 이스라엘의 시계는 다시금 돌아가게 될 것이다. 그때는 전무후무한 부흥과 추수의 때이며 우리는 이 영광스러운 시대를 목격하는 증인들이 될 것이다.

성경은 이스라엘을 중심으로 엮은 대하드라마와 같다. 이스라엘은 중도에 사라지지 않고 예수 그리스도의 영광스러운 재림의 날에 이르기까지 하나님의 구속사를 보여 주는 가장 큰 표적이 되고 있다. 그 모든 말씀들이 성취되는 것을 볼 때 우리는 주님을 맞이하게 될 것이다.

Israel and

Replacement Theology

부록

월터 카이저 박사
(고든콘웰신학교 명예 총장, 전 세계복음신학회장)

들을 버리는 것이 세상의 화목이 되거든 그 받아들이는 것이 죽은 자 가운데서 살아나는 것이 아니면 무엇이리요.
_로마서 11장 15절

Israel and

Replacement Theology

이스라엘과 땅[*]

구약과 신약에 네 번째로 많이 나오는 단어가 '땅'이다. 하나님은 아브라함, 이삭, 야곱과 같은 조상들을 예언자처럼 사용하셨다. 사도행전과 같은 신약에도 통일된 선포를 하고 있다. 그들은 이스라엘에 대해 멸망과 희망을 함께 선포했다. 이 예언자들의 메시지는 이스라엘의 미래에 대해 다루고 있으며 나아가 종말에 대해서도 다루고 있다. 이스라엘의 운명에 대해서 성경 전체가 한 목소리로 엮여 있다. 이스라엘의 미래에 대해 예언한 첫 인물은 아브라함이었다. 이것은 성경에서 가장 기본적인 원리를 제공한다. 창세기 12장 3절이 그만큼 중요하다.

> 너를 축복하는 자에게는 내가 복을 내리고 너를 저주하는 자에게는 내가
> 저주하리니 땅의 모든 족속이 너로 말미암아 복을 얻을 것이라 하신지라.

---

* 2012년 TJC II 주관, 한국 이스라엘 컨퍼런스 강의

갈라디아서 3장 8절에서도 언급한다.

> 또 하나님이 이방을 믿음으로 말미암아 의로 정하실 것을 성경이 미리 알
> 고 먼저 아브라함에게 복음을 전하되 모든 이방인이 너로 말미암아 복을
> 받으리라 하였느니라

아브라함의 후손을 통해서 모든 족속이 복을 얻을 것이다. 메시아를 의
지하는 자는 영원히 축복을 얻는다. 창세기 15장에서도 아브라함에 대한
복을 약속한다. 그는 하나님께 후손에 대한 약속은 어떻게 되는지를 질문
한다. 하나님은 너희들에게서 아들이 날 것이라고 하셨다.

> 아브람이 여호와를 믿으니 여호와께서 이를 그의 의로 여기시고(창 15:6).

하나님께서 하신 아브라함에 대한 약속은 세 가지이다. 자손, 땅, 복음의
약속이다. 아브라함은 자손을 주겠다는 약속을 믿었다. 아브라함의 믿음의
종점은 하나님의 약속에 근거한 것이다.

> 해 질 때에 아브람에게 깊은 잠이 임하고 큰 흑암과 두려움이 그에게 임하
> 였더니 여호와께서 아브람에게 이르시되 너는 반드시 알라 네 자손이 이
> 방에서 객이 되어 그들을 섬기겠고 그들은 사백 년 동안 네 자손을 괴롭히
> 리니 그들이 섬기는 나라를 내가 징벌할지며 그 후에 네 자손이 큰 재물을
> 이끌고 나오리라(창 15:12-14).

16절 이하에서는 그들이 사대만에 약속한 '땅'으로 돌아올 것이라고 말

씀하신다. 그리고 하나님은 쪼갠 고기 사이로 지나시면서 스스로 이를 맹세하신다.

> 네 자손은 사대 만에 이 땅으로 돌아오리니 이는 아모리 족속의 죄악이 아직 가득 차지 아니함이니라 하시더니 해가 저서 어두울 때에 연기 나는 화로가 보이며 타는 횃불이 쪼갠 고기 사이로 지나더라 그 날에 여호와께서 아브람과 더불어 언약을 세워 이르시되 내가 이 땅을 애굽 강에서부터 그 큰 강 유브라데까지 네 자손에게 주노니(창 15:16-18).

언약을 위해 쪼갠 고기 사이로 지나신 것은 아브라함이 아니라 하나님이시다. 이것은 무엇을 의미하는가? 구약 시대의 언약에서, '자르다'는 말과 '동물 사이로 지나가다'라는 구절은 약속을 지키지 않으면 내가 죽게 된다는 의미이다. 사람들은 이스라엘과 하나님의 관계는 끝났다고 생각한다. 그러나 그것은 아니다. 그 언약은 여전히 유효하다. 아브라함이 아니라 하나님이 쪼개진 동물 사이로 지나가셨다.

이 구절보다 더 논란이 많은 것은 없었다. 하나님의 언약이 조건적이냐, 무조건적이냐 하는 것이다. 하나님의 언약은 무조건적이었다. 왜냐하면 아브라함은 잠이 들어 있는 동안 하나님께서 홀로 실행하신 언약이었다. 하와를 위해 아담을 잠들게 했던 것처럼 말이다. 땅에 대한 약속은 아브라함의 조건과는 관계 없는 무조건적이었다는 것을 명심하라. 이 땅에 대한 약속은 영원한 것이다.

창세기 17장에서는 하나님 자신의 언약적 특성을 부각시킨다.

내가 내 언약을 나와 너 사이에 두어 너를 크게 번성하게 하리라 하시니
(창 17:2).

보라 내 언약이 너와 함께 있으니 너는 여러 민족의 아버지가 될지라
(창 17:4).

내가 내 언약을 나와 너 및 네 대대 후손 사이에 세워서 영원한 언약을 삼
고 너와 네 후손의 하나님이 되리라(창 17:7).

하나님이 또 아브라함에게 이르시되 그런즉 너는 내 언약을 지키고 네 후
손도 대대로 지키라(창 17:9).

너희 중 남자는 다 할례를 받으라 이것이 나와 너희와 너희 후손 사이에
지킬 내 언약이니라(창 17:10).

너희 집에서 난 자든지 너희 돈으로 산 자든지 할례를 받아야 하리니 이에
내 언약이 너희 살에 있어 영원한 언약이 되려니와(창 17:13).

하나님이 이르시되 아니라 네 아내 사라가 네게 아들을 낳으리니 너는 그
이름을 이삭이라 하라 내가 그와 내 언약을 세우리니 그의 후손에게 영원
한 언약이 되리라(창 17:19).

약속의 특징이 8절에 나타나 있다.

내가 너와 네 후손에게 네가 거류하는 이 땅 곧 가나안 온 땅을 주어 영원한 기업이 되게 하고 나는 그들의 하나님이 되리라.

이런 표현은 성경 전체에서 50번 정도 등장하며, 이 세 가지—자손, 땅, 복음—의 약속이 거듭 나온다. 요한계시록 맨 마지막에도 이 약속을 하며 끝낸다.

땅에 대한 약속과 계획은 매우 중요하다. 하나님의 언약에는 영적인 면과 물질적인 면이 있다. 많은 사람들은 하나님의 약속은 영적으로만 모형적으로만 보려고 한다. 그러나 모든 것이 모형은 아니다. 성경을 해석할 때 모든 것을 상징적으로 모형적으로만 보는 것은 잘못된 것이다. 가나안을 정복하는 여호수아에게 약속이 성취되었다고 했다. 그러나 실제로는 여호수아 세대에 완전히 이루어지지 않았다. 그러므로 땅의 정복은 원칙에 있어서는 성취지만 실질적으로는 아직 미완성이다.

하나님의 약속이 조건적인 경우

하나님의 약속 중에서 조건을 내건 경우가 있다. 예를 들면, 요나에게 니느웨에 가서 회개를 선포하라고 한 사건이다. 40일이 지나면 니느웨가 망하리라고 하여 요나는 기다렸다. 그러나 약속이 성취되지 않았다. 중요한 점은 백성들이 회개했다는 것이다. 성경에는 '만약 네가 …하면'이라는 조건이 붙어 있다. 역대하 7장 14절에서도 그들이 겸비하고 회개하면 하나님께서 그들을 사하실 것이라고 했다. 그들은 이스라엘 백성만이 아니라 "내 이름으로 일컫는 내 백성", 즉 모든 믿는 자들이다.

예레미야 18장에는 토기장이 이야기가 나온다. 흙과 그릇에 문제가 생긴 것이다. 하나님은 그것을 버리지 않고 다시 만들었다. 그것이 하나님의 은혜이다. 많은 사람이 놓치는 원리가 있다. 사람들이 등을 돌리면 하나님도 돌릴 것이라고 생각한다. 그러나 하나님은 백성이 죄를 범하고 떠났으나 회개하고 돌아오면 그들을 다시 세울 것이다. 하나님이 조건을 거시는 궁극적인 이유는 백성이 돌아서고 회개하게 하기 위함이다.

하나님의 약속이 무조건적인 경우

예레미야 31장에 나오는 새 언약은 무조건적이다.

> 여호와의 말씀이니라 보라 날이 이르리니 내가 이스라엘 집과 유다 집에 새 언약을 맺으리라 이 언약은 내가 그들의 조상들의 손을 잡고 애굽 땅에서 인도하여 내던 날에 맺은 것과 같지 아니할 것은 내가 그들의 남편이 되었어도 그들이 내 언약을 깨뜨렸음이라 여호와의 말씀이니라 그러나 그 날 후에 내가 이스라엘 집과 맺을 언약은 이러하니 곧 내가 나의 법을 그들의 속에 두며 그들의 마음에 기록하여 나는 그들의 하나님이 되고 그들은 내 백성이 될 것이라 여호와의 말씀이니라(렘 31:31-33).

이사야에도 이스라엘에 대한 무조건적인 언약이 등장한다.

> 너희는 내가 창조하는 것으로 말미암아 영원히 기뻐하며 즐거워할지니라 보라 내가 예루살렘을 즐거운 성으로 창조하며 그 백성을 기쁨으로 삼고

내가 예루살렘을 즐거워하며 나의 백성을 기뻐하리니 우는 소리와 부르짖는 소리가 그 가운데에서 다시는 들리지 아니할 것이며(사 65:18-19).

여호와께서 이와 같이 말씀하시되 보라 내가 그에게 평강을 강 같이, 그에게 뭇 나라의 영광을 넘치는 시내 같이 주리니 너희가 그 성읍의 젖을 빨 것이며 너희가 옆에 안기며 그 무릎에서 놀 것이라 어머니가 자식을 위로함 같이 내가 너희를 위로할 것인즉 너희가 예루살렘에서 위로를 받으리니 너희가 이를 보고 마음이 기뻐서 너희 뼈가 연한 풀의 무성함 같으리라 여호와의 손은 그의 종들에게 나타나겠고 그의 진노는 그의 원수에게 더하리라(사 66:12-14).

다음 구절은 하나님께서 이스라엘 땅을 회복시키는 것을 보여 준다. 단순히 바벨론이 아니라 동서남북에서 모으실 것이다.

그 날에 주께서 다시 그의 손을 펴사 그의 남은 백성을 앗수르와 애굽과 바드로스와 구스와 엘람과 시날과 하맛과 바다 섬들에서 돌아오게 하실 것이라 여호와께서 열방을 향하여 기치를 세우시고 이스라엘의 쫓긴 자들을 모으시며 땅 사방에서 유다의 흩어진 자들을 모으시리니(사 11:11-12).

내가 그들을 여러 백성들 가운데 흩으려니와 그들이 먼 곳에서 나를 기억하고 그들이 살아서 그들의 자녀들과 함께 돌아올지라 내가 그들을 애굽 땅에서 돌아오게 하며 그들을 앗수르에서부터 모으며 길르앗 땅과 레바논으로 그들을 이끌어 가리니 그들이 거할 곳이 부족하리라(슥 10:9-10).

놀랍게도 예레미야서에는 하나님께서 이스라엘을 떠나지 않을 것이라는 약속이 50번 이상이나 나온다. 에스겔이 본 마른 뼈 환상도 마찬가지이다. 지금까지 우리는 이것을 영적으로 해석해서 교회를 말하는 것으로 설교해 왔다. 이 뼈들이 살겠느냐고 에스겔에게 물었을 때 에스겔은 하나님만이 아신다고 대답했다. 하나님은 그들에게 대언하고 외치라고 하셨다. 성경은 그들이 분명히 이스라엘이라고 밝히고 있다. 본문을 모형적으로 혹은 상징적으로 해석할 필요가 없다.

> 또 내게 이르시되 인자야 이 뼈들은 이스라엘 온 족속이라 그들이 이르기를 우리의 뼈들이 말랐고 우리의 소망이 없어졌으니 우리는 다 멸절되었다 하느니라(겔 37:11).

> 내 백성들아 내가 너희 무덤을 열고 너희로 거기에서 나오게 한즉 너희는 내가 여호와인 줄을 알리라(겔 37:13).

하나님은 에스겔에게 막대기 두 개를 서로 엮으라고 했다. 솔로몬 때부터 분리되었던 역사가 끝나고 연합될 것을 예언하신다. 그 백성을 그 땅에 돌아오게 하셔서 둘이 하나가 되게 하실 것이다.

> 그들에게 이르기를 주 여호와께서 이같이 말씀하시기를 내가 이스라엘 자손을 잡혀 간 여러 나라에서 인도하며 그 사방에서 모아서 그 고국 땅으로 돌아가게 하고 그 땅 이스라엘 모든 산에서 그들이 한 나라를 이루어서 한 임금이 모두 다스리게 하리니 그들이 다시는 두 민족이 되지 아니하며 두 나라로 나누이지 아니할지라(겔 37:21-22).

현재 이미 650만 명이 고토에 들어가 있다. 현재 이스라엘은 하나가 되어 있다. 이것은 주님이 다시 오실 것을 보여 주는 가장 중요한 증거 중에 하나가 될 것이다. 아브라함, 이삭, 야곱에게 주신 약속이었다. 많은 복음주의자들이 이 사실을 믿지 않는다. 이스라엘이 약속의 땅으로 돌아오는 것을 믿지 않고 자의적으로 해석한다. 하나님의 약속이 분명히 세 가지인데 '땅'은 소용이 없다고 생각한다. 땅에 대한 약속은 메시아에 대한 약속 다음으로 중요하다.

이제 신약으로 가 보자.

로마서에서 가장 중요한 주제는 이스라엘이다. 로마서 1장 16절에서, "내가 복음을 부끄러워하지 아니하노니 이 복음은 모든 믿는 자에게 구원을 주시는 하나님의 능력이 됨이라 먼저는 유대인에게요 그리고 헬라인에게로다."라고 했다. 이스라엘은 하나님의 사랑 안에서 영원히 머물고 있다. 언약이 끝난 것이 아니다. 로마서 9-11장은 삽입된 것이 아니라 연속되고 있는 것이다. 로마서 11장 29절에 의하면 하나님께서 이스라엘을 부르심에 대해 후회하심이 없다.

> 하나님의 은사와 부르심(이스라엘에 대한 은사와 부르심)에는 후회하심이 없느니라(롬 11:29).

이방인의 충만한 수가 들어온 다음에 이스라엘의 충만한 수가 돌아올 것이다. 이스라엘이 하나님을 떠나 불순종한 것이 이방인들에게는 큰 의미가 있다. 이스라엘에게 시기나게 했다. 현재 이슬람 국가에서 많은 사람들이 돌아오고 있다. 200-250만 명 이상의 아랍 사람들이 메시아를 초자연적으로 만나고 있다. 이스라엘 사람들은 우리의 메시아인데 왜 너희들이

찾느냐고 하는 것이다.

로마서 11장에는 땅을 주신다는 약속이 계속되고 있다.

> 그러므로 내가 말하노니 하나님이 자기 백성을 버리셨느냐 그럴 수 없
> 느니라 나도 이스라엘인이요 아브라함의 씨에서 난 자요 베냐민 지파라
> (롬 11:1).

> 그러므로 내가 말하노니 그들이 넘어지기까지 실족하였느냐 그럴 수 없느
> 니라 그들이 넘어짐으로 구원이 이방인에게 이르러 이스라엘로 시기나게
> 함이니라 그들의 넘어짐이 세상의 풍성함이 되며 그들의 실패가 이방인의
> 풍성함이 되거든 하물며 그들의 충만함이리요(롬 11:11-12).

가장 중요한 포인트는 이것이다.

이방인들은 약속의 뿌리를 가지고 있는 줄기에 접붙여졌다. 그 언약의
뿌리는 이스라엘이다. 구약, 신약 어디에도 이방인들에게만 주어진 언약
은 없다. 새 언약도 교회가 아니라 유다의 집과 이스라엘의 집이다(렘 31:31).
교회가 만약 아브라함과 이삭의 언약에 접붙여지지 않았다면 떠돌아 다녔
을 것이다. 교회는 하나님이 이스라엘에게 주신 언약 위에 세워져 있는 것
이다. 이는 유대인과 함께 신앙을 갖게 하신 하나님의 뜻이다. 사도 바울은
이스라엘에 대한 하나님의 경륜을 찬양하고 있다.

> 깊도다 하나님의 지혜와 지식의 풍성함이여, 그의 판단은 헤아리지 못할
> 것이며 그의 길은 찾지 못할 것이로다(롬 11:33).

스가랴 10장 6-12절에는 다음과 같이 기록되어 있다.

> 내가 유다 족속을 견고하게 하며 요셉 족속을 구원할지라 내가 그들을 긍휼히 여김으로 그들이 돌아오게 하리니 그들은 내가 내버린 일이 없었음 같이 되리라 나는 그들의 하나님 여호와라 내가 그들에게 들으리라 에브라임이 용사 같아서 포도주를 마심 같이 마음이 즐거울 것이요 그들의 자손은 보고 기뻐하며 여호와로 말미암아 마음에 즐거워하리라 내가 그들을 향하여 휘파람을 불어 그들을 모을 것은 내가 그들을 구속하였음이라 그들이 전에 번성하던 것 같이 번성하리라 내가 그들을 여러 백성들 가운데 흩으려니와 그들이 먼 곳에서 나를 기억하고 그들이 살아서 그들의 자녀들과 함께 돌아올지라 내가 그들을 애굽 땅에서 돌아오게 하며 그들을 앗수르에서부터 모으며 길르앗 땅과 레바논으로 그들을 이끌어 가리니 그들이 거할 곳이 부족하리라 내가 그들이 고난의 바다를 지나갈 때에 바다 물결을 치리니 나일의 깊은 곳이 다 마르겠고 앗수르의 교만이 낮아지겠고 애굽의 규가 없어지리라 내가 그들로 나 여호와를 의지하여 견고하게 하리니 그들이 내 이름으로 행하리라 나 여호와의 말이니라.

성경에서 네 번째로 자주 언급하는 단어가 '땅'이다. 기독교인들의 삶은 영적인 것만은 아니다. 하나님은 물질적인 것도 관장하시는 분이시다. 아브라함에게 언약을 주셨을 때 이것을 알 수 있다. 이스라엘의 유월절 기도문에도 포함되어 있다. 그들은 서로 "내년에는 예루살렘에서!"라고 기원한다. 결혼식에서도 그들의 소망이 언급된다. 예식 중에 유리잔을 깨는 풍습은 예루살렘이 멸망한 것을 상징하여 기억한다.

내가 예루살렘을 기억하지 아니하거나 내가 가장 즐거워하는 것보다 더 즐거워하지 아니할진대 내 혀가 내 입천장에 붙을지로다(시 137:6).

유대인들은 하루 세 번씩 기도할 때 그 땅의 기도를 포함시킨다.

자비의 아버지, 시온에게 은혜를 베푸셔서 선을 행하시고 예루살렘의 벽을 세워주십시오. 당신만을 우리가 신뢰합니다. 당신은 왕이시요 높으신 분이시요, 높으심을 받을 하나님이시요, 이 세상의 주님이십니다.

창세기와 출애굽기에는 땅에 대한 언급이 20번이나 나온다. 원래 가나안, 아모리, 헷 족속이 소유한 것인데 이스라엘에게 주신 땅이다. 땅에 대한 약속이 주님의 언약의 중심이다. 그러나 많은 사람은 언약에 있는 씨앗, 복음에 대한 약속은 중요시하지만 땅에 대한 약속은 중요시하지 않는다. 하나님의 약속이 이 세 가지를 포함한다. 메시아의 약속, 자손의 약속, 땅에 대한 약속이 있어야 온전할 수 있다.

스가랴 10장 6절을 보라.

내가 유다 족속을 견고하게 하며 요셉 족속을 구원할지라 내가 그들을 긍휼히 여김으로 그들이 돌아오게 하리니 그들은 내가 내버린 일이 없었음 같이 되리라 나는 그들의 하나님 여호와라 내가 그들에게 들으리라.

이 구절에서 유다, 요셉 족속이라는 두 단어를 놓치면 안 된다. 유다는 남쪽 두 지파를, 요셉 족속은 북왕국 열 지파를 말한다. 하나님은 그들에게 긍휼을 가지고 계시기 때문에 이 두 족속들을 하나의 나라로 만들고 회복시키겠다는 약속을 하고 계신다. 그들은 돌아오게 될 뿐 아니라 옛 땅에서 거하게 될 것이다. 그들은 강한 용사가 될 것이며(슥 10:5), 에브라임 족속도 용사처럼 될 것이다. 그들은 포도주에 취한 것처럼 될 것이며 그들의 기쁨을 자손들도 보고 기뻐할 것이다(슥 10:7).

목자가 휘파람을 불어서 양떼들을 모으고 끌고 가는 것처럼 하나님은 온 세상에서 당신의 백성들을 불러 모아 갈 것이다(슥 10:8). 하나님이 휘파람을 분다는 것은 특이한 은유다. 사람들은 목자들과 양들이 섞여 있는 것을 보면 서로 분간하지 못할 것이라고 생각한다. 그러나 신기하게도, 목자가 피리나 휘파람을 불면 양들이 자기 목자를 따라간다. 하나님도 마찬가지로 이스라엘의 모든 백성을 모을 것이다.

더 놀라운 사실은 하나님은 그들을 모으실 뿐 아니라 전에 번성한 것같이 번성하게 하실 것이다. 창조 사건에서 소개되는 것처럼 생육하고 번성하라는 명령을 다시 볼 수 있다. "전에 번성한 것같이"라고 했는데 언제인가? 바벨론 포로기 이전이다. 그들이 먼 곳에서도 나를 기억할 것이다(슥 10:9). 구약에서 기억하다는 단어는 머리로 기억하는 것만을 의미하지 않는다. 하나님이 나를 기억하신다고 할 때 그저 생각으로만 기억하는 것이 아니다. 기도를 기억하시고 응답하셨다는 말과 같다. 지적인 기억이 아니라 그에 대해 모든 소원을 알고 기도에 대한 응답이 이미 진행되고 있다는 의미이다.

> 내가 나를 위하여 그를 이 땅에 심고 긍휼히 여김을 받지 못하였던 자를 긍휼히 여기며 내 백성 아니었던 자에게 향하여 이르기를 너는 내 백성이라 하리니 그들은 이르기를 주는 내 하나님이시라 하리라 하시니라 (호 2:23).

여호와의 말씀이니라 보라 내가 사람의 씨와 짐승의 씨를 이스라엘 집과 유다 집에 뿌릴 날이 이르리니(렘 31:27).

하나님께서 그 백성들을 고향 땅에 부르시고 심으시고 지켜 주실 것이다. 나라가 완전히 멸망한 것 같지만 그들을 일으키고 번성시키실 것이다.

여호와께서 열방을 향하여 기치를 세우시고 이스라엘의 쫓긴 자들을 모으시며 땅 사방에서 유다의 흩어진 자들을 모으시리니(사 11:12).

내가 그들을 애굽 땅에서 돌아오게 하며 그들을 앗수르에서부터 모으며 길르앗 땅과 레바논으로 그들을 이끌어 가리니 그들이 거할 곳이 부족하리라(슥 10:10).

그들을 어디에 둘 것인가까지 말씀하신다. 현재 길르앗 땅과 레바논은 이스라엘의 일부가 되어 있지 않다. 하지만 미래에 백성이 거할 지경으로 언급한다. 성경에는 아브라함 시대부터 '애굽의 강'이라고 나온다(창15:18). 그것이 남쪽으로는 애굽 강으로부터 북으로는 유브라데에까지 이른다. 애굽의 강은 나일강이 아니다. 이것은 가자 지구에서 45도 각도로 남쪽으로 가면 나타나는 아라바 강까지이다. 그 지역이 1967년에 이스라엘이 점령한 지역과 동일하다. 오래 전에 성경에서 말한 것과 같이 되었다.

1969년에 고고학자가 사해 사막을 조사했는데 거기에서 발견된 토기가 십계명의 내용과 똑같았다. 서쪽은 지중해가 있기 때문에 쉽다. 그러나 북쪽 경계를 정하는 것은 더 어렵다. 창세기 15장 18절에 나오는 '큰 강'은 북쪽 경계로 이해한다. 이는 레바논과 시리아 남쪽 경계 사이에 흐르는 강으로 이해된다. 거할 곳이 부족할 정도로 많은 사람이 몰려 올 것이라고 말한다.

> 내가 그들이 고난의 바다를 지나갈 때에 바다 물결을 치리니 나일의 깊은
> 곳이 다 마르겠고 앗수르의 교만이 낮아지겠고 애굽의 규가 없어지리라
> (슥 10:11).

그들이 고난의 바다를 지나갈 때에 힘든 날들을 보낼 것을 암시한다. 하나님은 아주 오래된 역사를 통해 새 예언을 이루어가신다. 나일 강이 마르므로 애굽에서 나올 때 바다를 육지로 만든 것을 보여 준다.

그 날에는 앗수르의 교만이 낮아지고 애굽의 홀이 없어질 것이다. 이와 유사한 예언이 이사야 19장에 나온다. 성경에서 가장 놀라운 부흥은 이사야 19장에 등장하는 애굽의 부흥이다. 이전에는 애굽에 사악한 지도자가 있었지만, 말일에는 위대한 지도자를 세울 것이다. 다섯 도시들 가운데 위대한 부흥이 있을 것이고 그들은 히브리어를 말할 것이다.

> 그 날에 애굽 땅 중앙에는 여호와를 위하여 제단이 있겠고 그 변경에는 여
> 호와를 위하여 기둥이 있을 것이요
> 여호와께서 자기를 애굽에 알게 하시리니 그 날에 애굽이 여호와를 알고
> 제물과 예물을 그에게 드리고 경배할 것이요 여호와께 서원하고 그대로
> 행하리라(사 19:19, 21).

애굽 백성들이 애굽에 있게 될 부흥을 인해서 하나님 앞에 상을 세울 것이라고까지 언급하고 있다. 이라크, 이집트, 이스라엘 사람들이 하나님의

전에 들어갈 것이다. 중동 지역에 위대한 부흥이 있기를 기대하고 있다. 이스라엘의 백성들의 경계가 더 넓혀졌다. 하나님께서 약속하셨다. 그들이 내 이름으로 걸어 다닐 것이다.

다시금 강조하는 것은 성경은 영적이면서 동시에 실제적이라는 것이다. 어떤 사람들은 예수님이 성경 해석의 중심이라고 말한다. 그들은 신약에서 발견된 것을 가지고 구약을 연구한다. 하지만 신구약 전체를 통해서 해석해야 한다. 구약을 연구할 때에 계시의 진행을 보기 전에 구약 자체가 뭘 말하는지 반드시 알아야 한다.

어떤 사람들은 영원이라는 단어에 문제를 제기한다. 성경에 영원이라는 단어가 300번 정도 나온다. 영원은 꼭 영원한 것은 아니라고 반론을 제기한다. 백성이 돌아오는 것은 상징적이라고 말한다. 어떤 이들은 신약에는 땅으로 돌아온다는 말이 없다고 지적한다. 그러나 예수님과 제자들이 말씀하신 것에 더 신경을 쓸 필요가 있다. 마태복음 23장 37-39절은 분명히 땅에 대해 언급하고 있다.

> 예루살렘아 예루살렘아 선지자들을 죽이고 네게 파송된 자들을 돌로 치는 자여 암탉이 그 새끼를 날개 아래에 모음 같이 내가 네 자녀를 모으려 한 일이 몇 번이더냐 그러나 너희가 원하지 아니하였도다 보라 너희 집이 황폐하여 버려진 바 되리라 내가 너희에게 이르노니 이제부터 너희는 찬송하리로다 주의 이름으로 오시는 이여 할 때까지 나를 보지 못하리라 하시니라.

그들이 다시 오신 예수님을 보게 되는 장소가 있다는 말이다. 성경을 문자적을 볼 수 없다고 반론을 제기하는 자들은 예수님의 말씀을 거부하는 것이다.

> 그러므로 너희가 선지자 다니엘이 말한 바 멸망의 가증한 것이 거룩한 곳
> 에 선 것을 보거든(읽는 자는 깨달을진저)(마 24:15).

위에 기록된 일이 일어나기 위해서는 예루살렘에 제3차 성전이 세워져야 한다. 사람들은 불가능하다고 말한다. 하지만 예수님께서 분명히 세 번째 지어져 있을 성전을 언급하셨고 3년 반이 지나면 스스로 그리스도라고 하는 자가 올 것이다.

핵심은 하나님의 언약은 그들을 향한 땅의 약속과 분리시킬 수 없다는 것이다. 이 모든 것이 엮어지는 것을 보기 어렵다. 하지만 여전히 하나님은 주권자이고 그분은 하실 수 있다는 것을 믿어야 한다. 세상 나라의 지도자들을 의지하지 말고 하나님을 의지해야 한다. 우리는 신학에 있어서 영적인 면과 실제적인 면을 동시에 고려해야 한다.

Israel and
Replacement Theology

대체신학 비평^{**}

　기독교 역사 속에서 히브리적 전통, 이스라엘 혈통이 훼손되었던 일이 있었다. 마르시온의 사상(Marcionism)이 유행했었는데 그것은 플라톤 사상을 바탕으로 한 이원론적 사상이다. 신약이 우월하다는 사상이며 그는 이단으로 정죄되었다. 하지만 그의 사상은 로마 전역으로 번졌고 신 마르시오니즘(Neo Marcionism)이 부상했다. 그 이후 기독교인들은 마르시오니즘에 영향을 받았다.

　이 신학 사상은 최근의 것이 아니다. 사도 시대, 초대 교회 때부터 이런 갈등이 있었다. 1-2세기에 대부분들은 유대인들이었고 이방인들이 가세되었다. 하나님은 유대인뿐 아니라, 이방인에게도 관심을 갖고 계셨나. 주후 70년에 이스라엘이 멸망했을 때 사람들은 하나님이 그들을 버리셨다고 생각했다. 처음 12명의 감독들은 유대인들이었다. 그 이후에는 어떤 기록도 없다.

** 　2012년 TJC II 주관, 한국 이스라엘 컨퍼런스 강의

이 사상은 기독교 교회 초기 때부터 있어 왔다. 그렇다고 대체신학을 대응하는 다른 신학이 없었던 것은 아니다. 4세기부터 형태를 취하기 시작했다. 당시 콘스탄틴 정치가와 유세비우스라는 신학자가 연합했다. 콘스탄틴 황제는 집권 30년에 모든 종교 지도자를 불러 모았다. 그는 그 모임을 종말에 있게 될 메시아가 여는 연회로 간주했다. 그러나 이 모임에서 교회 역사에 있어서 큰 오점을 남겼다.

당시 감독이었던 유세비우스는 정치와 교회가 하나가 되었다고 판단했다. 그래서 당대에 하나님의 나라가 실현된 것으로 생각했다. 그런데 이런 모임이야말로 하나님 나라의 논의에 있어서 유대인들의 입장을 제거하는 일이 되었다. 그런 것 때문에 대체신학이 뿌리를 내리고 오랜 역사를 갖게 되었다.

대체신학의 핵심은 교회가 아브라함의 영적 후손으로서 이스라엘의 역할을 대신한다는 것이다. 이스라엘에 주신 언약을 교회가 계승했다고 한다. 어떤 이는 그리스도의 사역은 교회가 존재하기 전까지는 완성되지 않았다고까지 말한다. 어떤 이는 이스라엘의 미래에 대해 말하는 사람들을 기독교인들이 만들어 낸 시온주의라고 비판하기까지 했다.

대체 사상은 주후 70년에 있었던 이스라엘 멸망에 대해서 하나님의 진노가 그들을 심판한 것이라고 평가했다. 그래서 이스라엘을 향한 축복은 더 이상 주어지지 않고 교회로 대체되었다고 한다. 그들의 주장은 다음과 같다.

첫째, 새 언약은 교회의 것이다.

둘째, 이스라엘이 하나님을 떠났기 때문이다.

셋째, 불순종하는 이스라엘을 물리치고 교회를 대신 세웠다.

한 가지씩 반론해 보자.

첫째, 새 언약은 교회의 것이라고 한다.

과연 그런가? 우선 새 언약에 대해서 보자. 하나님은 교회에 언약을 준 적이 없다. 예레미야 31장 34절은 신약에서 인용하는 가장 긴 구절이다. 히브리서 8, 10장에서 인용한다. 그 구절들은 언약을 이스라엘과 유다의 집에 주신 것이라고 분명히 강조한다. 하나님은 교회에게 새로운 언약을 맺은 것이 아니다. 물론 교회가 새 언약을 같이 나누고는 있지만 원래 교회에게 주신 것은 아니다. 하나님은 처음 언약도 이스라엘과 유다의 집과 맺으셨고 새 언약도 이스라엘과 유다의 집과 맺으셨다.

이스라엘과 유다의 집과 기독교 교회를 동일하게 주장하는 사람들은 없다. 이스라엘과 유다는 하나이고 그 둘은 동일화할 수 있으며, 그들에게 언약을 주신 것이다. 신약에서 '이스라엘'은 73번 나온다. '이스라엘 민족'이 4번 나온다. 그러나 그 어떤 경우도 교회와 동일시된 적은 없다. 그러므로 이스라엘과 교회가 동일시될 수 없다.

물론 교회가 언약을 그들과 나누는 것은 축복이다. 그러나 신약에 다른 어떤 언약도 언급되지 않는다. 따라서 우리는 신약에 새로운 언약이 있고 구약과 다른 것을 가지고 있다고 할 수 없다. 새 언약은 본래 이스라엘에 주신 언약이 이어지는 것이다.

구약의 언약의 특징을 알아보자.

창세기 8장에 계절에 대한 언약이 나온다. 그것은 남자와 여자들이 어떻게 행동하는 것에 상관없이 추위, 더위에 대한 약속을 주신 것이다. 창세기 12장에서 하나님은 아브라함과 언약 세 가지를 말씀하신다. 후손, 땅, 복음이다. 너희들을 통해 후손이 날 것이라는 복음이다. 여기에 씨앗은 궁극적으로 예수님을 말한다. 그러나 교회가 존재하기 전 주전 3세기부터 예수님을 언급하는 예언이 나온다. 창세기 3장에서 그 여자의 후손이 뱀을 상하게 하고 뱀의 후손이 여자를 상하게 할 것이라는 예언을 하고 있다.

이 씨앗의 약속이 사무엘하 7장에 있는 다윗 언약에 계속되고 있다. 다윗에게 왕위를 주시고 왕국을 주신다고 약속하신다. 다윗이 하나님의 집에 앉아 있다. 그에게 주신 구원의 약속이 자손들을 통해 이루어진다. 이 약속이 예레미야 31장에서 계속 반복된다. '새 언약'이라는 말은 예레미야 31장에서 한 번 언급하지만 영원한 언약, 내 언약, 평화의 언약과 같은 다른 표현으로 동등한 약속이 16번 반복된다.

둘째, 이스라엘이 하나님을 떠났기 때문이라고 한다.

그러나 이스라엘의 실패는 교회처럼 하나님의 계획 속에 있다. 로마서 11장 29절에서 이스라엘을 향한 하나님의 은사와 부르심에는 후회함이 없다고 한다. 하나님의 계획이 얼마나 놀라우면 이스라엘의 불순종마저도 사용하신다. 이스라엘 백성들의 불순종으로 말미암아 하나님의 자비가 이방인에게 흘러갔다. 이스라엘이 메시아를 거부하고 그들이 불순종한 것은 구원 계획의 마지막이 아니라는 사실을 대체신학은 놓치고 있다.

로마서 11장에서 바울이 주장한다. 이스라엘의 실패가 이방인들을 하나님께 나오게 만들었다면 이스라엘의 회복은 죽은 자가 살아나는 것이 아니냐라고 말한다. 죽은 자들이 살아난다는 표현을 많은 사람이 영적으로만 해석하려고 한다. 바울이 언급한 '죽은 자들이 살아난다'는 표현이 영적인 것만이 아니라는 것은 에스겔 37장 12-14절을 염두에 두고 한 말이다.

> 그러므로 너는 대언하여 그들에게 이르기를 주 여호와께서 이같이 말씀하시기를 내 백성들아 내가 너희 무덤을 열고 너희로 거기에서 나오게 하고

이스라엘 땅으로 들어가게 하리라 내 백성들아 내가 너희 무덤을 열고 너희로 거기에서 나오게 한즉 너희는 내가 여호와인 줄을 알리라 내가 또 내 영을 너희 속에 두어 너희가 살아나게 하고 내가 또 너희를 너희 고국 땅에 두리니 나 여호와가 이 일을 말하고 이룬 줄을 너희가 알리라 여호와의 말씀이니라(겔 37:12-14).

어떤 사람들은 에스겔의 설명이 모든 세상 사람이 주님께 나와서 새 삶을 얻는 것이라고 한다. 또는 그리스도 안에 있는 모든 이방인을 포함하여 실제적으로 일어나는 사건이라고 생각한다. 그러나 에스겔 37장은 이는 이스라엘 유다 온 족속이라고 명시하므로 그런 해석을 거부한다.

바울은 수많은 이스라엘 사람들이 죽었다가 살아나는 것처럼 말한다. 바울이 로마서에서 제시하고 있는 논리를 보면 분명하다. 이스라엘이 하나님 앞에 불순종한 결과 얼마나 좋은 일이 일어났는가? 그렇다면 이스라엘 백성이 하나님의 백성으로 다시 받아들여졌을 때 얼마나 더 감동적인 일이 일어나겠느냐는 것이다. 죽은 자들이 살아나는 것처럼 보일 것이다. 바로 그러한 장면을 보면 지축이 흔들리는 것 같은 놀라움을 경험할 것이다. 하나님의 계획은 이스라엘의 실패까지도 계산하고 계신다.

기록된 바 하나님이 오늘까지 그들에게 혼미한 심령과 보지 못할 눈과 듣지 못할 귀를 주셨다 함과 같으니라(롬 11:8).

그러나 깨닫는 마음과 보는 눈과 듣는 귀는 오늘 여호와께서 너희에게 주지 아니하셨느니라(신 29:4).

그러므로 이스라엘 백성이 영적인 잠을 자고 있는 것은 하나님의 계획 속에 있는 것이다. 유대인의 부흥은 이방인의 풍성함이 있고 난 다음이다 (롬 11:12). 이스라엘 백성이 하나님의 약속을 얻는 것은 그들의 믿음이지 능력에 달려 있지 않는 것이다.

셋째, 불순종하는 이스라엘을 물리치고 교회를 대신 세웠다.

이스라엘과 교회의 차이를 설명하는 데 가장 중요한 구절인 로마서 11장을 보자. 사람들은 온 이스라엘이 교회라고 생각한다. 그러나 그 이후의 내용을 보면 그 해석이 부당하다는 것을 볼 수 있다. 어떤 사람들은 자신들의 논리가 맞지 않기 때문에 로마서 11장을 무시하려고 한다. 그들은 성경이 말한 대로 해석하지 않고 자신들의 논리를 내세운다.

로마서 11장 13절에서 바울은 이방인들에게 말한다는 사실을 분명히 알 수 있다. 아마 사도 바울은 그리스도인들 가운데 어떤 이들이 예수를 메시아로 믿지 않는 유대인들에 대해 좋지 않은 감정을 갖고 있다고 본 듯하다. 그들은 하나님과 이스라엘 백성과의 관계가 끊어졌다고 생각했다. 바로 그것 때문에 로마서 11장 1절을 질문으로 시작한다.

> 그러므로 내가 말하노니 하나님이 자기 백성을 버리셨느냐 그럴 수 없느니라 나도 이스라엘인이요 아브라함의 씨에서 난 자요 베냐민 지파라

이방인들은 이러한 주장을 할 수 없다. 물론 사도 바울은 하나님은 모든 믿는 자에게 은혜를 베푸시는 자라는 사실에 문제를 제기하는 것이 아니다. 바울은 누구든지 믿음으로 아브라함의 자녀가 될 수 있다고 인정한다.

그런데 아브라함의 씨앗과 이스라엘 백성이라는 표현이 특징적으로 나

온다. 하나님께서는 여전히 이스라엘 백성들, 미리 아신 자들을 사랑하신다. 엘리야 시대에 바알에게 무릎을 꿇지 않은 칠천 명을 남겨 놓으셨던 것처럼 지금도 남은 자들이 있다. 엘리야 시대의 칠천 명이 이스라엘 사람이었듯이 지금도 남은 자들 중에 이스라엘 사람들이 존재한다. 바울은 이스라엘의 두 그룹에 대해 말한다. 로마서 11장 5, 7절에서 선택된 자 그리고 그 외에 다른 사람들이다. 하나님의 은혜는 이스라엘 백성에게 주어져 왔다. 이제 이방 백성에게도 하나님께서 은혜를 주셔서 믿음을 갖게 하신다.

로마서 11장 6절에서 나무의 뿌리가 거룩하면 그 가지도 거룩해진다고 했다. 뿌리에 대한 언급은 아브라함, 이삭, 야곱과 같은 족장들에게 주신 약속과 연관된 것이다. 그런데 17절에는 자연적인 감람나무가 그들의 불신앙 때문에 끊어졌다고 했다. 이스라엘 백성인 참감람나무의 가지가 꺾여진 것으로 인해 이방인들에게 좋은 결과가 왔다는 것이다.

더욱이 사도 바울은 이방의 믿는 자들이 자랑하지 말라고 한다. 왜냐하면 뿌리가 이스라엘이기 때문이다. 이방인으로서 그리스도인이 된 자들은 넘어진 유대인들에게 함부로 하지 말라고 했다. 하나님은 그들의 끊어진 가지를 다시 붙일 수 있는 분이시다. 감람나무 비유는 유대인과 이방인을 함께 엮어 나가기 위해 의도한 것이었다.

원예에서 원래는 좋지 않은 감람나무에 좋은 것을 접붙인다. 바울은 반대로 사용한다. 언젠가 유대인들의 가지를 접붙일 수 있다고 한다. 하나님은 이스라엘 백성의 미래에 대해 계획을 가지고 계시는가? 이것은 기독교 시온주의 운동이나 유대인들의 인종 우월주의도 아니다. 핵심은 하나님은 그의 백성 이스라엘에 대한 계획을 아직 끝내지 않았다는 것이다. 하나님께서 오래 전에 이 땅과 역사 속에서 약속하신 언약을 분명히 이 땅과 역사 속에서 성취하실 것이다. 많은 이스라엘 백성이 돌아올 것이라고 약속하고 있다.

'온 이스라엘'이라는 말의 뜻이 무엇인가? 전체 인구는 아니더라도 수없이 많은 사람으로 생각할 수 있다. 그래서 우리는 언젠가 미래에 수많은 이스라엘 백성이 메시아에게 돌아오는 것을 보게 될 것이다. 두 가지 대립되는 의견이 화란 개혁주의자들로부터 나왔다. 주석가 호크마는 로마서 11장 26절의 "그리하여"라는 말이 시간적으로 이어지는 의미가 아니라고 했다. 헬라어 접속사의 시간의 연속 의미가 아니라, '이와 같은 방식으로'라는 의미로 해석되어야 한다고 한다.

이스라엘이 지금은 마음이 완악해져 있지만 이방의 숫자가 충만해지면 그 다음에 이스라엘이 구원받게 될 것이라는 시간적 의미를 거부한다. 그는 해석하기를 이방의 충만한 숫자가 이르는 것처럼 이스라엘도 그와 같은 방식으로 구원받을 것으로 해석한다. 호크마는 이러한 구원이 이루어지는 때를 강조하는 것이 아니라 방식이라고 주장한다.

그는 '모든 이스라엘'이라는 표현이 종말의 이스라엘 사람들로 제한하는 것 같다고 했다. 이에 대해 같은 화란 신학자 벌코프가 해답을 준다. 그는 '그리하여' 혹은 '이 이후에'라는 표현에서 미래의 사건을 의미한다는 것을 배제할 필요가 없다고 말한다. 사도 바울은 하나님의 활동에 대해 역사적인 순서를 언급하는 것이다.

벌코프는 여기서 말하는 것은 이스라엘 백성의 구원받는 것이 이방의 충만한 숫자가 차기까지라는 시간적인 의미가 포함되어야 한다고 강조했다. 초점은 하나님의 계획 안에 수많은 이스라엘 백성이 돌아올 것이라는 것이다. 로마서 11장 26, 27절은 예레미야 31장과 이사야 59장에 나오는 새 언약의 내용을 인용하고 있다. 이 약속은 구약에 예언된 언약을 이어가는 것이고 결과적으로 그것을 보여 주고 있다.

시간적 순서에 관한 다른 본문의 예를 들어보자. 부활에 대해 나오는 고린도전서 15장이다. 아담으로 말미암아 모든 사람이 죽는 것처럼 그리스도로 말미암아 모든 사람이 살 것이다. 모두가 부활할 것이다. 사도 바울은 이어서 말하기를 순서에 따라 부활할 것이라고 했다.

그리스도가 먼저 부활하셨고 다음은 그리스도가 오는 것을 믿는 무리가 두 번째이다. 그 다음에 종말이 올 것이다. 마지막으로 세상에 살았던 모든 사람이 하나님 앞에 서게 될 것이다. 고린도전서 15장에는 '그 후에'라는 접속사가 계속 나타나는데 시간적인 의미이다. 씨 뿌리는 자의 비유에 보면 싹이 나서 자라게 되는 것을 설명할 때 '그 후에'라는 표현을 사용하는 것과 같다.

이제 갈라디아서 4장 21-31절의 비유를 보자.

이 비유가 이스라엘이 교회로 대체되었다는 식으로 오해를 불러일으키게 해석되곤 했다. 바울의 청중은 이방인들이었다. 논쟁의 핵심은 이방인들도 할례를 받아야 하는가였다. 이 중요한 초점을 놓치면 바울의 가르침을 오해하게 된다.

바울은 유대인들이 버린 바 되었고 교회가 대신하여 상속자가 되었다는 것을 주장하는 것인가? 이것은 바울이 의미하는 바를 정면으로 오해하는 것이다. 사도 바울이 여기서 소개하는 유대인들에 대립되는 대상은 교회가 아니라 이방인이다. 교회의 반대 대상은 믿지 않는 사람들이지 유대인들이 아니라는 것이다.

바울도 이전에는 믿는 자들을 핍박하였고 그런 행동은 이스마엘의 모습이었다. 이스마엘은 육체로 낳은 자를 예표하며 버림받은 자였다. 그러나 바울이 하나님을 믿었을 때 그는 이삭과 같이 되었고 상속자가 되었다. 사도행전 18장 17절에 등장하는 소스데네도 마찬가지였다. 그가 믿음의 사람이 되었을 때 완전히 반대의 신분이 된 것이다.

결론을 내려 보자.

대체신학은 교회와 이스라엘 둘 다에게 나쁜 소식을 전하고 있다. 이러한 신학은 콘스탄티누스 대제가 기독교를 국교화 한 주후 312년경 이전에는 존재하지 않았다. 4세기에 교회와 잘못된 정치가 연합할 때부터 문제가 생겼다. 그러한 연합의 결과, 언약의 아들인 이삭이 다메섹의 엘리에셀로 대체되는 결과가 초래되었다. 바로 이러한 대체신학은 이스라엘을 교회로 대체함으로써 구약성경의 내용 중 많은 부분을 오해하게 만들었다.

구약의 가르침뿐 아니라, 위대한 로마서에서도 대체신학을 교정할 것을 가르치고 있다. 우리는 잘못된 신학으로 말미암아, 이방인들로 구성된 교회에 유대인들이 접붙임을 받을 수 있다는 잘못된 이미지를 가지고 있다.

교회는 이스라엘에 대한 신구약의 연구와 재해석이 필요한데 이유는 다음과 같다.

첫째, 이런 올바른 신학으로 하여금 유대인 선교에 어떻게 동참할 것인지 알게 해 주고,

둘째, 종국에 있을 이스라엘 백성들의 사역에 어떻게 동참할지 이해하게 해 주고,

셋째, 교회가 성경에서 강조하는 구원에 대한 교리를 바르게 선포하도록 만들어 주며,

넷째, 이스라엘과 열방의 관계에 대한 올바른 이해 속에서 구원의 역사에 참여하도록 해 준다.

복음을 전하는 구원의 사역에 있어서 처음은 유대인에게이며 그 다음은

헬라인에게이다(롬 1:6). 우리 그리스도인들은 "주여 어서 오시옵소서."라고 기도할 뿐 아니라, 이스라엘의 구원을 위해서도 기도해야 할 것이다. 이스라엘에 많은 사람들이 모여들고 있다는 사실은 주님의 재림이 가까이 오고 있다는 사실을 보여 준다.

Israel and
Replacement Theology

참고 문헌

Calvin, John, *Commentaries on the Epistles of Paul to the Galatians and Ephesians* (Grand
    Rapids: Baker, 1999).

_____, *Commentaries on the book of Prophet Isaiah*.

Diprose E. Ronald, *Israel and the Church*(Waynesboro: Authentic Media, 2004).

Erickson, Millard J., *Foundations of Christian Faith: An Introduction to the Idea of
    Christianity*(New York: Seabury, 1978).

_____, *A Basic Guide to Eschatology*(Grand Rapids: Baker, 1998).

_____, *Christian Theology*(Grand Rapids: Baker, 1999).

Grudem, W. *Systematic Theology: An Introduction to Biblical Doctrine*(Grand Rapids:
    Zondervan, 1994).

Ladd, George, *Historic Premillennialism in the Meaning of the Millennium: Four
    View*(Downers Grove: Inter Varsity, 1977).

Murray, John, *The Epistle to the Romans, 2 vols.*(Grand Rapids: Eerdmans, 1965).

Ridderbos, Herman, *Paul, An outline of His Theology*(Grand Rapids: Eerdmans, 1985).

Showers, Renald, *The Coming Apocalypse*(Bellmawer: The Friends of Israel, 2009).

Soulen, R Kendall, *The God of Israel and Christian Theology*(Minneapolis: Fortress, 1996).

Vlach, Michael J. *Has the Church Replaced Israel?*(Nashville: B&A Pub., 2010).

_____ *Replacement Theology*(The William R. Rice Lecture Series, 2010).

그랜트 오즈번, 『요한계시록』, 김귀탁 역(서울: 부흥과개혁사, 2012).

다렐 복, 미츠 글라저, 『첫째는 유대인에게』, 김진섭 역(서울: 이스트윈드, 2012).

댄 저스터, 『유대적 뿌리』, 부성범 역(서울: 한사랑 선교회, 2012).

돈 핀토, 『당신의 백성이 나의 백성이 되고』, 유지연 역(서울: 횃셔북스, 2011).

오화평, 『이스라엘 고난과 회복』(서울: 베드로 서원, 2009).

월터 카이저, 『구약에 나타난 메시아』, 류근상 역(서울: 크리스챤출판사, 2008).

_____, 『한국 이스라엘 컨퍼런스 강의 녹취』(서울: TJC II, 2012).

장재일, 『히브리적 관점으로 다시 보는 마태복음』(서울: 쿰란출판사, 2012).

제임스 던, 『바울 신학』, 박문제 역(서울: 크리스챤다이제스트, 2003).

_____, 『로마서(하)』, 김철, 채천석 역(서울: 솔로몬출판사, 2005).

조지 래드, 『신약 신학』, 신성종, 이한수 역(서울: 대한기독교서회, 2005).

존 헤기, 『예루살렘 최후의 새벽』, 홍원팔 역(서울: 비전북출판사, 2002).

기타 웹사이트들.